¡Sssssshhhhhhhhhhh!

Haz del teatro algo íntimo

Llévalo siempre en el bolsillo

Cubierta y diseño editorial: Éride, Diseño Gráfico
Dirección editorial: ángel jiménez

Primera edición: octubre, 2025

Matria Lusitania
© Agustín Muñoz Sanz
© VdB, 2025
Espronceda, 5
28003 Madrid

VdB®

ISBN: 979-13-87644-46-8
Depósito Legal: M-21412-2025
Diseño y preimpresión: Éride, Diseño Gráfico

Este libro protege el entorno

matria Lusitania

comedia en un solo acto

Agustín Muñoz Sanz

(Valle de la Serena, Badajoz, 1953.)

Médico y profesor de universidad especializado en enfermedades infecciosas, considerado un experto en el estudio del sida y otras patologías de este tipo.

Excelente escritor, destacado como articulista en diversos medios de comunicación, donde realiza análisis sobre temas variados. Agustín Muñoz Sanz escribe para el diario Hoy (grupo Vocento) y ha colaborado ocasionalmente para los diarios ABC, El Mundo, El Periódico Extremadura y para la revista Tiempo de Hoy.

Ha publicado cinco novelas *O Yacoi* (1994), *Venturas y desventuras de un pícaro sueco* (1997), *Aunque sean soberanos los empeños* (2009), *Los galgos del Papa* (2014) y *De tormenta. Historia de mi alma* (2020); dos libros de cuentos *Cuentos extremeños de hoy* (1994); *La chimenea del estrés. Trece cuentos peregrinos* (2013).

En teatro tiene publicado *Marco Aurelio* (2015), estrenada en la clausura de la 60a edición del Festival Internacional de Teatro Clásico de Mérida. También, fue estrenada el 9 de Marzo de 2017, en el Teatro López de Ayala en Badajoz y el 5 de abril de 2017 en el Teatro Bellas Artes de Madrid y *Cayo César* estrenada en el Festival Internacional de Teatro Clásico de Mérida (2020) y el Reina Victoria, de Madrid, (7-11 de junio de 2023).

Agustín Muñoz Sanz

matria Lusitania

Comedia en un solo acto

Personajes
(Por orden de aparición).

CORNELIO CORNALVO MACRÓN, gobernador imperial de la provincia romana de Lusitania. Es un personaje clave de *Matria Lusitania* por cuanto representa el poder legal en representación del Imperio Romano. Es el enemigo a quien batir por sus adversarios políticos y los disidentes separatistas. Aparenta no enterarse de nada, pero lo controla todo.

CASTA EULALIA, esposa de Cornelio Cornalvo Macrón. Es una mujer infiel e intrigante. Una mezcla de Livia, Cleopatra y Agripina la Menor, experta en la peligrosa teriaca del amor y el poder. No ama a su marido, pero se entrega con furia juvenil a su amante, Verraco Litio Prepucio.

VIDRIATO, activista campesino y líder del partido LPR (Lusitania Por la República). Es un hombre joven, idealista, ingenuo, honrado e inexperto que trata de cambiar el mundo para que siga siendo lo mismo. Descendiente de un célebre guerrillero —tataranieto de Viriato—, es el líder máximo de las masas revolucionarias —en verdad, son solo unos cuantos—.

GUARDIAS PECHOLATAS, legionarios al servicio del poder imperial.

MANIFESTANTES DEL PUEBLO LLANO —o Esdrújulo—.

CUNILINGUO, político y conspirador profesional de *Pax Augusta*. Un modelo universal de la dramaturgia griega, shakesperiana o de la vida político-mediática actual. Es un caradura, sin escrúpulos ni ética. Solo le interesa el poder, alcanzarlo por la vía y en la forma que sea necesaria. Y, de paso, alimentar sus amoríos interesados fuera del circuito oficial.

CORIFEO, personaje esperpéntico de la farándula cuyo nombre en el siglo es Beato Illa. Es un artista fracasado, es decir, todo un artista. Suple su inoperancia dramatúrgica dirigiendo el Coro para huir del caño, aunque no ceja en su labor de ir de uno a otro. Pero, en realidad, lo que le gustaría es estrenar una obra teatral de su autoría. Ser un dramaturgo de fuste, como los grandes clásicos grecorromanos a los que admira y emula.

CORO, grupo de gamberros sin disciplina ni orden.

CUSTODIO REBAÑO, jefe de la guardia de los pecholatas o legionarios lusitanos. Es un mastín del poder. Carece de criterios propios y de formación. Solo sirve para complacer al que manda. A la vez que, cuando le toca, es un marimandón.

ENEMAS CULONIO, médico y confidente del gobernador Cornelio Cornalvo Macrón y de su familia, amén de ejercer el liderazgo oficial frente a la peste rampante. También es, en sus horas libres, reposo del guerrero para satisfacción de su amante Cunilinguo.

HOSTIA, sacerdotisa. Se trata de una mujer intrigante e inteligente que, desde la aparente nimiedad y amparada en su devoción sacerdotal, consigue lo que quiere con discreción, sin que nadie se dé cuenta de cuál es su verdadero objetivo. Y siempre apunta muy alto.

VERRACO LITIO PREPUCIO/ORQUÍDEO, intermediario, liante, amante sin fronteras, espía de madrugada. En verdad es un prototipo de golfo que habría figurado en «Los papeles de Lusitania» —de haber existido estos documentos—. Su apodo de guerra es Orquídeo. Es un caradura que solo pretende ganar fortuna en la política y en los negocios, valga la redundancia. Utiliza a quien haga falta, mujer u hombre, para lograr sus fines.

CÍTARO, empresario cultural con mando en plaza. Es la persona que decide qué se hará o no realidad en el mundo del teatro. Dicho de otro modo: qué se representa, cuando se hará y en qué condiciones. Por tanto, Cítaro es el objetivo primordial de los aduladores y la diana de los enemigos que haylos. Tanto de los cultos y por cultivar, como de los culturales.

BEATO ILLA, corifeo de noche y aspirante a autor teatral de día. Ver Corifeo.

Lusitania

Olisipo

AUGUSTA EMÉRITA

PAX AUGUSTA

0   100 km

Escena 1.
La paz augusta.

El escenario está en penumbra, remedando el amanecer. Se escucha un gallo cantar: una vez. Pausa de unos segundos. Canta por segunda vez. Nueva pausa.

Voz   (*En off.*) Antes de que el gallo cante tres veces, habrá cantado dos.

(El gallo canta por tercera y definitiva vez. La iluminación aumenta de modo progresivo hasta aparentar la llegada del día. El amanecer muestra el esplendor de la ciudad. La gente entra por los laterales y se mueve por las calles a las que dan vida. En un lateral hay algún puesto de venta de frutas y de otras mercancías, puro mercadillo de los martes. Y hay un carro —coprotagonista de lo que vendrá más adelante—. Se compra y se vende o solo se mira en los tenderetes. Normalidad absoluta en la ciudad. Paz augusta. En lugar del Frons Scenae, *en alto, a modo de balcón hacia el exterior del palacio, aparece* Cornelio *Cornalvo Macrón, que es el gobernador de la provincia de Lusitania. Se asoma, mira para todos los lados, se despereza. Permanece en silencio. Llama a su esposa.)*

CORNELIO   «Laly», cariño, ven. (*De modo amanerado y exagerando el gesto.*) Hace una mañana estupenda. (*Pone cara de falso enamorado. Mantendrá esta actitud durante todo el coloquio.*) Es bello el amanecer de la noble Augusta Emérita.

(*Aparece* CASTA EULALIA. *Anda lento. Se coloca junto a* CORNELIO. *Sin apego, pero le sigue la corriente.*)

CASTA EULAL.   ¡Qué ciudad, «Corni»! Da gusto vivir aquí. Fue un gran acierto del gran Octavio construirla y dotarla de tantas cosas bonitas...

CORNELIO   Y que lo digas. Su mejor decisión fue designarla como la capital de Lusitania. Es una de las provincias más hermosas del imperio. Y tan romanizada...

CASTA EULAL.   Aunque le costó tomar la augusta decisión...

CORNELIO   No, no, te equivocas, amor. Sus decisiones siempre fueron firmes. Además, la situación estratégica en la ruta de la plata...

CASTA EULAL.   Hay otros lugares estupendos...

CORNELIO   Pero ninguno es como este. Emérita es... tiene un color especial, como Itálica en la Bética.

CASTA EULAL. (*Un poco cabreada, pero sonriendo.*) Insisto, amor, otras ciudades…

CORNELIO ¡Joder, «Laly!» Sí. Estamos a una distancia razonable de Olisipo, el puerto más importante más allá de las columnas de Hércules. A un paso de aquí hay unas excelentes aguas termales que llegarán a tener fama mundial y…

CASTA EULAL. (*Con indisimulada sorna.*) Querido, pareces un mercader cananeo de los que organizan esos viajes de novios por el *Mare Nostrum*…

CORNELIO (*Ajeno al puyazo verbal, como si fuera con un* pugio *o puñal de los legionarios.*) Nos escoltan, a modo de fieles legiones, ciudades y villas de la categoría de (*Empieza a contar con los dedos.*) Metellinum, Turgalium, Nertóbriga Concordia Iulia, Regina Turdulorum, Miróbriga Turdulorum, Iulipa, Caparra, Norba Caesarina…

CASTA EULAL. Y Pax Augusta. ¡La belicosa! ¡La que, olvidando su nombre, siempre está en discordia! También está junto al río Ana y más cerca de Olisipo que Augusta…

CORNELIO Tienes solo parte de razón. El «*pacensis*» es un pueblo, digamos, inquieto, correoso, «tocaturmas». Es gente con una autoestima individual y colectiva muy elevada. Aunque no tienen…

13

CASTA EULAL. (*Cabreada.*) ¡Vergüenza! ¡No tienen vergüenza! ¡Son unos envidiosos que no tragan a Augusta Emérita!

CORNELIO   No, no... Es normal su actitud. Es comprensible. Han idealizado un sentimiento. El corazón usa razones que la razón no entiende, dijo un célebre griego. (*Duda.*) ¿O fue romano? Da igual. Lo que importa es que no existe Pax Augusta como ente administrativo, es una tribu rural.

CASTA EULAL. ¿Entonces? ¿De qué van?

CORNELIO   De dime de qué presumes... Su reivindicación es una quimera, un invento, un anhelo, un...

CASTA EULAL. ¡Un mojón! ¿No me leas todo el catálogo! ¿Por qué quieren ser la capital de Lusitania? «Una Lusitania libre», dicen esos bárbaros del oeste.

CORNELIO   Es una fantasía utilizada por unos cuantos politicastros con intereses. También ocurre en la provincia citerior de Tarraco, en el noreste de Hispania.

CASTA EULAL. Mal de mucho, consuelo de...

CORNELIO   No son tontos Son muy listos, sobre todo los politicastros. O eso se creen. Un grupo de esa tribu suele dar problemas continuos con sus exigencias al imperio. Pero Roma no paga a traidores…

CASTA EULAL. ¿Por qué los llamas traidores? Son…

CORNELIO No quise decir eso. Hoy no estoy muy fino con las citas. Estoy aún medio dormido. He querido decir que «Roma locuta, causa finita». Dicho de otro modo: ¡Ni de coña, «Antoña»! ¡Ah, Roma, Roma!

CASTA EULAL. Me quedo como estaba, romano. O peor aún. Pero da igual. Vamos para dentro que aquí empieza a refrescar.

(Salen ambos. La gente del pueblo y los mercaderes se van progresivamente por su lateral. El escenario resta vacío, pero iluminado.)

Escena 2.
Pax augusta no está a gusto.

Desde un lateral entra un campesino cojo co-rriendo. Se ayuda de una suerte de muleta como el histórico de la posteridad hispana que se llamaría el Cojo Manteca. Dos soldados pe-cholatas persiguen al fugitivo de capacidades diferentes. Los legionarios van gritando «Alto», «Detente», «Al cojo, al cojo», «Cogedlo, co-gedlo» *y por ahí. El fugitivo da alguna vuelta al recinto antes de intentar escapar por la par-te contraria. En el centro del escenario es al-canzado por los hombres de* CUSTODIO *Reba-ño, el jefe de los pecholatas. Se lo llevan a la fuerza mientras aparece una manifestación popular por el lateral hacia donde se dirigen los soldados y el presente mutilado.* VIDRIA-TO, *apoyado por varios manifestantes, enca-beza la revuelta. Andan lento y se mueven de lado a lado, como los de la fiesta de* «Moros —con perdón— *y cristianos»* alicantinos de siglos más tardes. Los manifestantes portan una especie de pancarta que reza —en letras roma-nas—: «IN-DE-PEN-DEN-CIA». Van gritan-do consignas como «Cornalvo Macrón, eres un mamón», «Lusitanos, no romanos», «Emerita escucha, 'Paxaugusta' está en la lucha». Los* PECHOLATAS, *cuando ven llegar la* «mani», *sueltan al detenido, acompañado de alguna expresión académica del tipo* «Mis muertos» *u* «Hostias, los 'indepes'» *y huyen por donde entraron. El detenido salta de alegría y se une a los manifestantes. Lo hace gritando* «Custodio m'a dao el alta». *La* «mani» *atraviesa el escenario tras pasar delante de la* orchestra *y detenerse frente al público de modo que se vea la pancarta desde todas las* caveas —ima, media *y* summa—, *los palcos y el gallinero. Cantan de nuevo, a coro,* «Cornalvo Macrón, eres un mamón», «Lusitanos, no romanos» «Emerita escucha, Paxaugusta está en lucha». *Al cabo de un tiempo, continúan la marcha gritando hasta desaparecer por el lateral opuesto.*

Escena 3.
El encuentro de Vidriato y Cunilinguo.

Por el lateral contrario entra Cunilinguo. *Viste con elegante toga blanca. Pasea con calma. Por el otro lateral entra* Vidriato. *Es de aspecto bastante rústico, parece un pastor. Se aprecia la diferencia social entre ambos personajes. Se encuentran y saludan al modo romano. Es un encuentro histórico a la altura del protagonizado por Hernán Cortés y Moctezuma, quienes aún no habían nacido.* Cunilinguo *y* Vidriato *caminan lentos, tranquilos.*

Cunilinguo   Tenía muchas ganas de este primer encuentro, Vidriato.

Vidriato   Yo también me alegro de verte, Cunilinguo.

Cunilinguo   Vienes muy poco por Pax Augusta.

Vidriato   Es cierto. Tal vez porque no salgo de ella. Vivo en el campo, que también es Pax... El campo no tiene puertas, como sabes.

Cunilinguo   Las labores agrícolas y ganaderas exigen mucho trabajo: la incertidumbre del tiempo, el vaivén de los mercados…

VIDRIATO   (*Con cara de sorpresa.*) ¿Qué estás diciendo?

CUNILINGUO   Hablo de tu sacrifico diario en el campo…
(*Mira al cielo, como declamando un poema de Horacio.*) ¡Ah, los rústicos labradores!

VIDRIATO   Tienes razón. Toda. El sacrificio es mucho. Es un trabajo cruel el de la gente del campo…

CUNILINGUO   (*Socarrón.*) ¿La gente del campo? ¿Tú no eres agricultor y ganadero?

VIDRIATO   Es una tapadera. La uso para ocultarme de los curiosos, mirones y espías.

CUNILINGUO   ¿Qué tapadera? ¿Qué tienes que tapar?

VIDRIATO   ¡Por los cuernos de Ulises! ¡Vaya informantes los tuyos! Soy…

CUNILINGUO   ¡No me lo digas! (*Como si estuvieran jugando a las adivinanzas.*) Eres… un «pijo-patricio» dueño de vacas, ovejas y miles de acres de cereales. (*Algo cabreado.*) Lo que se dice un terrateniente, ya me entiendes. Pero no te apures, que mi partido, de vocación rural y extensiva, os protege a los cam-pe-si nos.

VIDRIATO   (*Muy cabreado.*) Soy un «pijoleches,» como tú. Lo que soy es… ¡Un jornalero! (*Alza la voz.*) ¡Jor-na-le-ro!, eso es lo que soy. Me parece que todavía no te has enterado de que también ejerzo la jefatura de…

CUNILINGUO   ¿Tú, jefe? ¿De qué?

VIDRIATO   Del LPR. Repito: ¡L-P-R! Soy su jefe… (*Mira a los lados.*) en la clandestinidad.

CUNILINGUO   (*Sobrado.*) Estaba bromeando, muchacho. No te alteres. Tienes madera de mando, no de tapadera. Me constan tus inquietudes políticas y dotes de caudillaje, lo cual me interesa mucho.

VIDRIATO   ¿Interés? ¿Tú?

CUNILINGUO   Sí, yo. Y tal vez te convendría trabajar con nosotros.

VIDRIATO   Lo dudo…

CUNILINGUO   Bueno, no te enfades. Pero, dime (*Haciéndose un Jordipujol.*) ¿qué coño es el LPR?

VIDRIATO   Lusitania Por la República. Somos el Movimiento Lusitano de Liberación o MLL.

CUNILINGUO   ¿El MLL del LPR?

VIDRIATO   (*Despistado por la combinación de siglas.*) Pues… sí, sí, claro. Eso es.

CUNILINGUO   (*Mintiendo.*) ¡Ah, sí! ¡qué despiste! No me acordaba. Necesito unos días de descanso. Iré a las aguas termales cercanas a *Augusta Emérita* ya mismo. La política es una mandrágora que me mata.

VIDRIATO   Lo que te mata es tocarte (*Gesticula.*) los compañones. Y la mandrágora, claro.

CUNILINGUO   (*Se pone la mano en la oreja.*) ¿Qué? Repite, por favor. Es que, además de cansado y del ruido, estoy un poco… ¿terrateniente? Ja, ja, ja… ¿Lo has cogido, «Vidri junior?».

VIDRIATO   (*Serio.*) Eres muy gracioso, (*Para sí.*) lameculillos. Digo que necesitas un merecido descanso. Te vendrá bien para los sabañones, ahora…

CUNILINGUO   Sí, descansaré. Pero antes tenemos que hablar de negocios. Tú y yo. Con mucha calma. De patricio a proletario.

VIDRIATO   Venga, suelta…

CUNILINGUO   Hoy no puedo. Tengo una reunión importante. (*Quitando trascendencia.*) Ya sabes, nada nuevo. Se trata de una pequeña conspiración, otra más, contra el gobernador Cornelio Cornalvo Macrón.

VIDRIATO   ¿Conspiración? ¡Ni hablar! Los del MLL del LPR no somos políticos ni conspiradores.

Somos guerrilleros puros, como mi pariente el gran Viriato y sus hombres.

CUNILINGUO   (*Con claro cachondeo.*) Una combinación perfecta. Un maridaje excelente. Una pareja de hecho…

VIDRIATO   Una mierda pinchada en un palo… ¿Quieres hablar en serio por una vez?

CUNILINGUO   Vale, Séneca. Escucha con ambas orejas: más adelante te enviaré a un mensajero de confianza. Te citaré en un sitio apartado, secreto, velado, recóndito….

VIDRIATO   Joder, qué torrija cotorrera.

CUNILINGUO   Nos veremos discretamente. Y entonces… ¡Tachán!. conocerás mi plan.

VIDRIATO   ¿Qué plan?

CUNILINGUO   Tengo una idea magistral. Encaja plenamente con el objetivo de tu… ¿Cómo se llama?

VIDRIATO   El MLL del LPR.

CUNILINGUO   Bien, simplifiquemos en el LPR. Incluso el LP. O el L…

VIDRIATO   Enviarás a un mensajero fiel al mercado. Al puesto de frutas situado junto al de un hebreo que vende pulseras y anillos falsos.

CUNILINGUO   No, hombre. No quiero comprar frutas ni baratijas. Yo soy un vendedor. Vendo ideas.

VIDRIATO   (*Aparte.*) ¡Madre mía! Es chica la avería. (*A* CUNILINGUO.) Tu emisario preguntará por Orquídeo, un hombre de mi confianza.

CUNILINGUO   ¡Por Venus!, qué nombre más florido. ¿Es real o un simple mote de guerra?

VIDRIATO   No lo sé ni me importa. Parece un tipo leal. Está acostumbrado a guardar secretos. Y, si no los guardara, (*Hace el gesto con la mano de segar una planta de raíz.*) plaf, la flor fuera del tiesto. Se jodió la orquídea. Y el Orquídeo.

CUNILINGUO   Siendo así… El método de capar las macetas no falla. ¿Habrá santo y seña de seguridad?

VIDRIATO   Haylo.

CUNILINGUO   ¿Cuál?

VIDRIATO   «Quiero un kilo de malacatones».

CUNILINGUO   (*Pedagógico.*) Eres muy rústico, chico: se dice melocotones. Me-lo-co-to-nes, no mala…

VIDRIATO   (*Gritando.*) ¡He dicho ma-la-ca-to-nes, por Ceres! Melocotones es algo que puede decirlo cualquier comprador. Pero malacatones solo lo sabremos Orquídeo y yo. Y ahora tú, claro.

CUNILINGUO   ¡Qué listo eres! No hay nada como la academia del campo, como dijo Ovidio. ¿O fue Horacio? Da igual: en una academia empezaron los filósofos griegos. ¿Hay una contraseña de respuesta?

VIDRIATO   (*Salivea y se prepara para pronunciar bien las sílabas.*) «A los mur-cié-ga-los de la fruta no les gustan los ma-la-ca-to-nes».

CUNILINGUO   (*De nuevo, pedagógico, muy sobrado de sus conocimientos de la lengua, como buen cunilinguo.*) ¡Otra vez! Por Juno, Liber y Libera. Vaya manía de cambiar las palabras. Murciélagos, se dice mur-cié-la-gos… Repite conmigo: mur-cié-la-gos…

VIDRIATO   (*Cabreado.*) Mur-cié-ga-los y ma-la-ca-tones, por Júpiter y todas sus amantes. Mur-cié-ga-los. Ma-la-ca-to-nes. No cambies tú las contraseñas. Pueden descubrirnos los confidentes imperiales.

CUNILINGUO   (*Desconcertado.*) ¿Pero por qué tantos remilgos?

VIDRIATO   En los tiempos que corren hay que cambiar las contraseñas cada dos por tres. Hay muchos piratas que te pueden jaquear…

CUNILINGUO   (*Se hace otro Pujol.*) ¿Qué coño es jaquear?

VIDRIATO   Que te birlan el jaco o jubón… El cambio de contraseñas debe hacerlo uno mismo, no el cuñado. Y mucho menos el concuñado. Cada cual con la suya. Me refiero a la contraseña…

CUNILINGUO   Qué raritos sois los clandestinos. Y, sin ánimo de insinuar nada, mira que tener de contacto intermediario a un tipo que se hace llamar Orquídeo…

VIDRIATO   Así es. Los republicanos somos inclusivos, no como los imperiales.

CUNILINGUO   Oye, que yo…

VIDRIATO   Me voy. Nos veremos cuando tú digas. Y no tardes. Tengo un asunto pendiente y es muy importante.

CUNILINGUO   Salve, «Vidri».

VIDRIATO   Salve, «Cuni».

(*Salen, uno por cada lado.*)

Escena 4.
El Coro carnavalero.

> *Entra el* CORO, *todos los miembros de blanco. Llevan caretas al más puro estilo clásico aristofánico. Van en fila, encabezado por el* CORIFEO. *Trata de colocar a los coristas en orden, aunque le cuesta por la indisciplina. Se debe dar comicidad al momento: uno que se va para otro sitio, algunos liados de cháchara entre ellos. Hay contraste entre la seriedad del* CORIFEO *haciendo su trabajo y la anarquía de los otros. Cuando se consigue el orden, tras unos segundos de solemne silencio, empiezan.*

CORIFEO   (*Coloca y mueve los brazos como un director de orquesta. Habla con voz pomposa, diferente a la utilizada mientras colocaba al* CORO.) ¡Atención! Empezamos: El hombre es un lobo para el hombre y…

CORO   (*Interrumpen al* CORIFEO.) La mujer es una loba para el hombre.

     (*Aplauden y se felicitan entre ellos. Puro desmadre.*)

CORIFEO (*Cabreado, se dirige al* CORO.). Si seguimos con las tonterías, yo dimito y me largo a Pax Augusta. (*Amaga con irse.*) Allí se toman en serio hasta los asuntos del cachondeo.

CORO (*Profesionales y todos a una.*) Al corifeo no le gusta la paridad ni el cachondeo.

CORIFEO (*Regresa a su sitio. Conciliador.*) Venga, empezamos de nuevo: El hombre es un lobo para el hombre y su peor enemigo.

CORO Vigila a tu concuñado como el mastín vigila al rebaño.

CORIFEO Grecia inventó las ciudades-estado que acabaron con Grecia.

CORO Los amigos de mis enemigos son mis amigos.

CORIFEO El pueblo vecino no es un amigo que ayuda, sino un enemigo que asedia.

CORO No asedia quien quiere, sino quien puede.

CORIFEO En el carnaval de la vida…

CORO (*Todos a la vez.*) ¿Carnaval? ¿Has dicho carnaval?

(*El* CORO *es, en realidad, una remota murga carnavalera de los tiempos anteriores a Augusto. Improvisa una pieza de carnaval. El*

CORIFEO *sale cabreado gesticulando contra el cielo y la tierra mientras amenaza al* CORO *a gritos. El* CORO, *ajeno al líder, sigue en lo suyo. Al salir, lo hacen cantando hasta desaparecer. Se escucha la música en la lejanía. Durará hasta que, en la siguiente escena, el militar* CUSTODIO REBAÑO *llegue al centro del escenario.)*

Escena 5.
Custodio Rebaño.

Entra Custodio Rebaño, *el jefe de los pecho-*
latas, por el lateral contrario al de salida de
la comparsa. Va muy cabreado y mirando ha-
cia donde procede el jaleo. Lo hace deprisa.
Habla solo y en voz alta.

Custodio Rebaño   «Cago'n tos» los músicos, poetas,
curanderos, gladiadores, legionarios y hasta en los bárbaros de Britania y las Galias.
Manda «güevos» esta augusta ciudad. Con
apenas unos pocos habitantes, casi todos
jubilados por el imperio, y vaya la marcha
que tienen los eméritos. (*Se detiene, mira a*
su alrededor.) Ya puedo vigilar las carrete-
ras y los caminos, las tabernas y las casas,
los campos y las escuelas. Con dos o con
veinte legiones de pecholatas. Siempre hay
algún listo jodiendo la marrana. (*Pasea me-*
ditabundo dando vueltas.) Y, luego, llegan
los de la oposición al gobernador, sobre todo
los de ese Cunileches de Pax Augusta y me
acusan de que aquí no hay tranquilidad
(*Hace un corte de mangas.*) y de que hay
mucho forastero. «Pa» la mierda de solda-
da que cobro, «cago'n» Viriato y su descendencia... Y encima dicen que Octavio

Augusto fundó la ciudad para el descanso de sus legionarios. ¡Menudo descanso! ¡Qué pena!, una ciudad magnífica, con su excelso teatro, el anfiteatro, el acueducto, las cercanas termas y tantas atracciones y... (*Se detiene en seco.*) ¿Cómo llamó el cuestor de Regina a ese invento para ganar dinero? (*Medita.*) Ah, ya, el polo de desarrollo, que si...

(*Entra un soldado* PECHOLATA *para anunciarle algo.*)

PECHOLATA   Salve, Custodio Rebaño. Han llegado la sacerdotisa y el médico.

CUSTODIO R.   Que pasen. No permitas que nos moleste nadie. Es una reunión de trabajo a distancia.

PECHOLATA   ¿Trabajo a qué...?

CUSTODIO R.   ¡A leche «migá»! Venga, que corra el aire o te destino a la aldea rebelde de las Galias. O a Tarraco, que están muy subiditos...

(*Sale el* PECHOLATA *a la velocidad del rayo.*)

Escena 6.
El año de la peste y del cometa.

Entran el médico ENEMAS CULONIO *y la sacerdotisa* HOSTIA.

ENEMAS   Salve, Custodio Rebaño.

HOSTIA   Rebaño, salve.

CUSTODIO REBAÑO   Salve a los dos… (*Los mira con cara de preocupación.*) Malo, malo, malo…

ENEMAS   ¿Por qué «tridices» eso?

HOSTIA   Sí, explícate, temido guerrero, guerrero, guerrero.

CUSTODIO R.   Porque mi padre me enseñó que cuando hay una reunión de pastores es porque las ovejas muertas están… muertas.

HOSTIA   (*Con ironía sulfúrica.*) Vaya explicación más pastoril. O rústica… (*Al médico.*) ¿No, doc?

CUSTODIO R.   Es lo que hay, Hostia.

HOSTIA   (*Pedagógica.*) Es muy normal y adecuado que el médico oficial (*Señala a* ENEMAS CULONIO.) y la primera sacerdotisa, (*Se señala a sí misma.*) es decir, la ciencia y la fe acudan al jefe de los pretorianos cuando un problema grave afecta al pueblo. La seguridad...

CUSTODIO R.   No si ya... Y... Vamos, venga, hablemos del susto.

HOSTIA   Podemos intervenir nosotros si tú...

ENEMAS   ¿O prefieres que vayamos a ver al gobernador?

CUSTODIO R.   No, no... De ninguna manera. ¡Ni se os ocurra! Sea lo que sea, lo resolveré yo solo. Bueno, con la ayuda de mis pecholatas. Decidme.

ENEMAS   Tenemos información preocupante: ha entrado la peste por el puerto de Gades, en la provincia Bética.

CUSTODIO R.   ¿Cómo ha sido?

HOSTIA   Llegó en una barcaza de inmigrantes cananeos. ¿O eran tartesos?

CUSTODIO R.   Joder con los bárbaros. No, si ya le dije al gobernador que si no poníamos control en cada limes esto sería...

HOSTIA   Y ahora está subiendo por la ruta de la plata.

CUSTODIO R.   Por la madre de Apolo…

HOSTIA   No, no… Por la ruta de la plata.

CUSTODIO R.   Nos invaden los mena…

HOSTIA   (*Un Pujol.*) ¿Qué coño son los mena?

CUSTODIO R.   Los memos nadando.

ENEMAS   (*A* HOSTIA.) ¡Diosa Ceres, qué genio tiene
                este hombre! (*A* CUSTODIO REBAÑO.) Está
                muy cercana, me refiero a la peste… Casi
                en nuestras puertas, si es que no ha entra-
                do ya en la ciudad.

CUSTODIO R.   No te digo, cabrahigo. Si es que…

HOSTIA   Ha debido de hacerlo. Hace unas jornadas
                estaba en Itálica, sabemos que hay enfer-
                mos y muertos en Regina, en Monesterium
                y en…

CUSTODIO R.   (*Cabreado.*) Y en mis… (*Se suaviza. Conci-
                liador.*) Quiero decir que, claro que está a
                punto de llegar aquí. ¡Otro baile «p'al» cuer-
                po! «Cago'n mi sombra». ¿Y qué hacemos,
                Enemas? Tú eres el médico.

HOSTIA   Rezar a los dioses. Sobre todo, a Apolo, que
                es el dios de la peste.

ENEMAS   Si me permites, sacerdotisa, y puesto que
                me ha preguntado a mí, es decir, a la cien-
                cia, responderé en su nombre. Hipócrates
                no es un dios como los tuyos, pero Escula-
                pio, un semidios, y…

HOSTIA   Tienes razón, Enemas, ilustre heredero de Hi-
                pócrates y Galeno, pero no se te olvide rezar
                a los dioses. Sobre todo, a Apolo, que es…

CUSTODIO R.   ¡Vale! Basta ya de rezos, de dioses y de mon-
                sergas que me llevan los «pandemonios».
                Habla, Enemas.

ENEMAS   (*Profesoral, con el dedo índice parece subirse
                las gafas que, naturalmente, no tiene porque
                no se habían inventado aún.*) Veamos: De-
                mostrado como está que los rezos no detie-
                nen la epidemia y como también está claro
                que no sirven los sahumerios, las pócimas,
                las triacas, las lavativas…

HOSTIA   Las lavativas ayudan a…

ENEMAS   (*Le indica con el dedo en la boca que calle.*)
                …las lavativas, los bálsamos, las sanguijue-
                las, los eméticos y todo lo que usamos los
                médicos para no curar, creo que lo poco que
                podemos hacer está en tus militares manos.
                Manu militari…

CUSTODIO R.   ¿Manu qué…? (ENEMAS CULONIO *le hace un
                gesto con sus manos y* CUSTODIO REBAÑO *se*

mira las suyas con cara de no saber de qué se trata.) ¿En mis manos?

ENEMAS   Cuando hay una enfermedad entre las vacas o las ovejas, no se les pregunta a ellas qué se debe hacer, sino al pastor. Él es quien dirige el rebaño en nombre del ganadero.

CUSTODIO R.   Yo no soy el ganadero ni…

ENEMAS   Eres el pastor del rebaño de Cornelio Cornalvo Macrón, Custodio Re…

HOSTIA   *(Vierte más ácido aún sobre la herida.)* O su perro mastín…

CUSTODIO R.   ¿Qué puedo hacer yo, un simple legionario? Un pecholata hecho a sí mismo *(Se golpea con la palma de la mano el pecho.)* ante tal desastre de miasmas béticos, cananeos y tarte… tarta… tartamudos.

HOSTIA   Rezar a los dioses, sobre todo a Apolo que es…

CUSTODIO R.   ¡Qué pesada eres, con el puto Apolo, sacerdotisa! ¿Por qué no te abstienes de locutar?

ENEMAS   En mi opinión, tras leer el libro de las *Epidemias* del padre Hipócrates, que me sé de memoria, lo mejor es evitar que la peste avance. Detenerla. ¡Detén la peste, como dicen en la sierra de Monesterium!

CUSTODIO R.   ¿Cómo se hace? ¿Le ponemos puertas al campo?

ENEMAS   Exacto. Hay que cortar el tránsito por los caminos, los ríos y las vías pecuarias.

CUSTODIO R.   ¡Coño! He acertado. Se hará. Pondré a las legiones *Alaude* y *Gémina* en los puntos estratégicos y en las encrucijadas de los caminos. Así evitaremos que el mal nos arrase.

ENEMAS   No será suficiente.

CUSTODIO R.   ¿Qué más se puede hacer?

HOSTIA   Perimetrar los grandes núcleos de población.

CUSTODIO R.   ¿Peri qué?

ENEMAS   Cerrar, bloquear, aislar, cercar, delimitar, confinar…

HOSTIA   Rezar…

ENEMAS   También. El primer perímetro debe estar en *Augusta Emérita*. Nadie puede entrar o salir sin permiso. Solo se podrá salir o entrar por razones excepcionales y necesarias, como asistir al teatro, que está al aire libre y los miasmas de la peste no se posan. Hasta que pase el mal.

CUSTODIO R.   Bah, eso está hecho. Menudo soy yo peri-
metrando la ciudad. Me conocen como el
Faro, o *Fari* en latín, del perímetro. Mañana volveremos a vernos. Los tres. Bueno,
tú, mejor te quedas rezando, Hostia, sobre
todo a Apolo que es el dios de la peste. Salve a…

HOSTIA   Salve, Custodio Rebaño.

ENEMAS   Salve, Fari.

APOLO DESDE EL OLIMPO   (*Voz en off. Suena un trueno
de gracia.*) Salve Custodio Rebaño. Soy Apolo, un fiel fan del Fari.

(*Salen* CUSTODIO REBAÑO *por un lateral y*
HOSTIA *y* ENEMAS CULONIO, *por el contrario.*)

Escena 7.
Las demandas de Verraco Litio Prepucio.

El escenario está con poca luz, aunque se ven perfectamente las columnas y resplandor al fondo. (La urbe, algo recóndita, luce a lo lejos.) Un foco ilumina la valva hospitalia *izquierda.* Aparece CASTA EULALIA, *cubierta con un velo, anda con cuidado, mirando hacia atrás y a los lados. Se dirige al lateral homónimo, donde está el carro. La espera* VERRACO. *Se abrazan y besan en silencio. Ella sube al carro cubierto que, a falta de otras bestias, será tirado por* VERRACO. *Mientras se desplazan despacio, como a cámara lenta, suena una música romántica (Al estilo de la banda sonora del futuro Doctor Zhivago.) Debe parecer que nieva. Hay viento. Se dirigen al centro del escenario y dan una vuelta completa hasta llegar frente a la* orchestra. *El lugar donde se paran. A medida que avanzan, la iluminación se va apagando como indicación del alejamiento de la ciudad. En la* orchestra *hay una balsa de agua que representa el pantano de Proserpina. Puede haber un cartel rústico que diga* «Lacus Proserpinae». *Algunos juncos u otra vegetación adornan las orillas.*

VERRACO   Hemos llegado. Puedes salir, amor.

CASTA EULAL.   ¡Ya era hora! ¡Qué ganas tenía de sentir el aire! Y de sentirte a ti.

                 (*Se abraza a* VERRACO. *Se besan con pasión. Él, sin mediar palabra, trata de desnudarla, pero ella se opone.*)

VERRACO   ¿Qué haces?

CASTA EULAL.   Espera, espera, «Verri…». Es que…

VERRACO   (*Irónico.*) ¿Te duele la cabeza? Ah no, claro: hoy toca dolor de espalda.

CASTA EULAL.   No. Es que te precipitas mucho, amor. ¡Que ojo tuvo tu madre cuando te puso el «praenomen» Verraco! Por no hablar del «cognomen» de tu familia… La gens Prepucia… ¡los Prepucios! Ay, ay. Amor, quiero escucharte. Deseo que me acaricies el alma con tus palabras. (VERRACO *la agarra por la cintura y le acaricia el pecho.*) Bueno, el cuerpo también, pero hazlo con dulzura. No seas bruto.

VERRACO   Bruto se ventiló a su padrastro Julio César con un cuchillo matancero. Yo, sin embargo, te voy a…

CASTA EULAL.   (*Melosa.*) ¡Calla, canalla! (*Insinuante.*) Vamos a sentarnos junto al lago de la diosa y me raptas, como hizo Plutón con ella. Pero, antes, hablamos un poco. Y luego seré toda tuya, Plutón mío.

VERRACO   Putón mío, ¡qué bonito!

CASTA EULAL.   ¿Cómo? ¿Qué has dicho?

VERRACO   Plutón... Plutón... Es que tengo la boca seca y se me ha pegado la «l» en el cielo (*Fuerza la dicción y se señala el paladar.*) de la «mizma». ¿No ves? Me «entrabuco» mismamente.

CASTA EULAL.   Pues bebe agua que tienes delante una laguna.

               (*Cogidos de las manos, se sientan en la orilla. Se hacen carantoñas.*)

VERRACO   Amor , si te parece bien...

CASTA EULAL.   (*Le pone el dedo índice en la boca y le acaricia los labios.*) ¿Por qué no me recitas ese poema que Catulo escribió a su amada Clodia, o Lesbia, como él la llamaba?

VERRACO   ¿Cuál?

CASTA EULAL.   El que me recitabas al principio de conocernos.

VERRACO   Pero es que tengo las vocales flojas y las consonantes con... con alferecía.

CASTA EULAL.   (*Picantona, coqueta.*) Venga, recita, Catulín, que rima con capullín.

VERRACO   (*Se pone en plan vate de concurso de pueblo, presto a declamar, tras colocarse una rama herbácea en la cabeza, a modo de corona de laurel. Coge la mano de* CASTA EULALIA.) Vivamos, querida Lesbia, y amémonos, y que las habladurías de los viejos puritanos nos importen todas un bledo. Los soles pueden salir y ponerse; nosotros, tan pronto acabe nuestra efímera vida, tendremos que vivir una noche sin fin. Dame mil besos, después cien, luego otros mil, luego cien más, después otros mil, después otra vez cien. Luego, cuando lleguemos a muchos miles, perderemos la cuenta para ignorarla y para que ningún malvado pueda dañarnos, cuando sepa que fueron tantos nuestros besos.

CASTA EULAL.   (*Aplaude.*) ¡Bravo! Cómo declamas o recitas. Y qué bonito es lo que dice el...

VERRACO   Gracias. El mérito es de Catulo. Yo solo...

CASTA EULAL.   Tú le pones pasión y…

VERRACO   Vale, vale, lo apasiono. Te diré algo muy importante antes de entrar en faena. Luego llegan las prisas... Debo aprovechar este momento para decírtelo.

CASTA EULAL.   Soy todo oídos para ti, mi poetazo.

(VERRACO *se levanta. Merodea por donde ella permanece sedente, mientras lo sigue con la mirada.*)

VERRACO   Te propongo un plan. Es complicado, pero factible. Será de gran trascendencia para nosotros. Y para Roma.

CASTA EULAL.   ¿Roma y nosotros? ¿Qué tenemos que ver tú y yo con Roma?

VERRACO   Se trata de que debes convencer a tu marido de dos cosas.

CASTA EULAL.   ¿Convencer a Cornelio Cornalvo? Lo dudo. ¿Qué dos cosas?

VERRACO   Que me conceda la gestión de las termas cuando le llegue la solicitud oficial. Y que me permita comprar la mina de Norba Caesarina. Los Litio, la gens Litia, tenemos vocación minera.

CASTA EULAL.   Pero ¿de dónde vas a sacar el dinero para tan magnas empresas? ¿Tú un negociante?

VERRACO   Es muy fácil. Unos poderosos patricios de Roma, con mucho dinero, quieren comprar la mina a través de *Civitas Lusitania*, unos fondos cuervos. Yo sería el testaferro de los romanos.

CASTA EULAL.   Perdona, cari, me estás agobiando. No sé qué es un testaferro. Supongo que será un minotauro con cabeza de hierro.

VERRACO   Un suplantador, pero… (*Baja la voz.*) no es necesario que se sepa. En compensación por mi trabajo, además de algunos cientos de sestercios de plata, también me darían la propiedad y la gestión de las termas. Y, más adelante, cuando se haga la operación *Nigra sum*, yo recibiría…

CASTA EULAL.   (*Cara de asombro.*) Por Artemisa, cada vez que hablas me sueltas un nuevo palabro. ¿Qué es *Nigra sum*?

VERRACO   El secuestro de tu odiado esposo.

CASTA EULAL.   (*Agitada.*) ¿Cómo? ¿Estás loco? ¿Secuestrar a mi…? ¿Al gobernador de Lusitania?

VERRACO   ¡Claro! ¡No vamos a secuestrar a un esclavo paralítico!, perdón, he querido decir (*Mira a su alrededor.*) discapacitado motor o persona con movilidad reducida.

CASTA EULAL.   Visto así… (*Interesada.*) Cómo y cuándo se daría el palo… el golpe…

VERRACO   Sitio: en vuestra casa. Momento: en el tumulto de una de las muchas fiestas previstas.

CASTA EULAL. ¿Y… después?

VERRACO Tras raptar a Cornelio, lo ocultaríamos durante un tiempo. Luego se le convencería, con los métodos adecuados, (*Gesticula dando dos guantazos al aire.*) para renunciar al cargo alegando una enfermedad incurable. Para poder así respetar su vida. Y, si no cediera…

(*Hace el gesto de ejecución con el dedo pulgar hacia abajo.*)

CASTA EULAL. ¿Renunciar a ser gobernador? Es imposible. Ama la política. Mucho más que a mí.

VERRACO No sería difícil. Alguien se encargará de convencerlo. Es el paso necesario, absolutamente necesario, para que entren en acción los miembros del LPR…

CASTA EULAL. (*Nueva sorpresa.*) ¡Otro enigma! ¿El LPR? ¿Has bebido vino de Falerno?

VERRACO Ahora no te lo puedo decir. Me refiero al plan y al LPR, no al vino. Estoy bajo juramento. Y me juego la vida si hablo. Pero lo sabrás muy pronto. Confía en mí.

CASTA EULAL. (*Sin salir del asombro.*) ¿Cómo voy a convencer a mi esposo, el gobernador, que, como tal, no se casa con nadie?

VERRACO   Es muy sencillo. Con tus encantos femeni-
               nos. Pasarás de gatita doméstica a tigresa
               devora-hombres. O devora-gobernadores.

CASTA EULAL.   Pero… si no dejo que se me acerque salvo
               cuando fingimos en público. No estoy ena-
               morada de él. Es un carámbano de los de
               principio de enero.

VERRACO   Por eso mismo.

CASTA EULAL.   No entiendo nada…

VERRACO   ¿No es cierto que tu Cornelio Cornalvo está
               deseando tener descendencia?

CASTA EULAL.   Sí. Desde hace años, pero yo no quiero una
               copia del padre…

VERRACO   Pues cambia el mensaje: le dices que se la
               vas a dar. Que deseas tener…

CASTA EULAL.   Un niño, claro.

VERRACO   No.

CASTA EULAL.   Entonces, una niña.

VERRACO   Tampoco.

CASTA EULAL.   Pues será un mono del sur de la Bética. O
               del norte de Mauritania…

VERRACO   No, mujer. Tú deseas tener dos hijos. O sea, gemelos o mellizos, como Rómulo y Remo.

CASTA EULAL.   ¿Y cómo le transmito y convenzo de esa memez? Cornelio Cornalvo será cornudo, dicho es con todo el respeto del mundo, pero no es tonto.

VERRACO   No es una memez. Es una idea genial, (*La remeda.*) dicho es con toda la humildad del mundo. Mira (*Se acerca al carro, busca y coge una bolsa. Saca un manojo de hierbas.*) Aquí está la solución.

CASTA EULAL.   ¿Eso qué es?

VERRACO   Perejil.

CASTA EULAL.   ¿Perejil? Tú estás loco. No pretenderás que le reboce el asunto colgante o monolito egipciaco como si fuera un calabacín tarteso o una zanahoria lusitana. Mejor unas ortigas…

VERRACO   No, mujer. Él no sabe que esto es perejil. Menos aún si lo trituras y lo mezclas con aceite. Le dirás que es esencia de bergamota, la semilla generatriz de Bona Dea…

CASTA EULAL.   No corras, con perdón, que me pierdo. ¿Quién es Bona Dea?

VERRACO   Es la diosa de la fertilidad, más conocida por Fauna, la hija de Fauno.

CASTA EULAL. (*Irritada.*) ¿Tú, que dices estar enamorado de mí, vas a permitir que otro semental vierta su crema de la pasión en mis entrañas?

VERRACO (*Agobiado.*) No, no... yo solo...

CASTA EULAL. (*El cabreo sube escalones. Y se acompaña de ironía.*) Todo por unas sucias monedas de plata, un agujero en el suelo y una bañera de agua tibia para divertir a los reumáticos. ¿Eso valgo yo, cerdo verraco encelado y cabrón?

VERRACO No, mi amor, yo...

CASTA EULAL. ¿Sabes quién es Hipatia de Alejandría?

VERRACO (*Sobrepasado, compungido.*) Esto, verás... Ese día no fui a... No estuve en... ¡No! Ni idea quien es esa matrona.

CASTA EULAL. (*Rebosando soberbia, cabreada, como en trance daliniano.*) Pues la tal Hipatia es una aprendiza al lado de la gran Eulalia de Lusitania. «Ego sum», (*Se golpea el pecho.*) que significa soy yo. No «Nigra sum,» so tontolnabo.

VERRACO (*Sin saber dónde esconderse.*) Eso me parecía a mí, mi diosa, mi Patia. Me refiero a lo del «Ego...».

CASTA EULAL. (*Sin bajarse de las escaleras de la indignación.*) ¿Acaso pretendes usar a Casta Eulalia como una simple urna funeraria donde depositar el polvo sementero y caduco de otro macho cabrío y Macrón… digo, ¿cabrón?

VERRACO (*Encogido, como pene de oso antártico a principios de enero.*) No, mujer. (*Se crece. Él, VE-RRACO.*) Si lo viera tan solo tocarte lo mataría con mis propias manos. Cada vez que os veo juntos me entran ganas de abalanzarme sobre él… y de ahogarlo así…

(*Aprieta con fuerzas ambas manos asfixiando a la nada.*)

CASTA EULAL. No te entiendo, gladiator…

VERRACO Escucha con las dos orejas: tras una cena de intimidad con vino tinto de *Turgalium*, lo calientas —a tu esposo, no el vino—, con palabras insinuantes y alguna mirada lasciva, sin llegar a tocarlo, repito, ¡sin tocarlo! Lo debes convencer para que beba la pócima perejilera.

CASTA EULAL. Ya me dirás cómo se hace eso. Me refiero a tener mellizos o gemelos gracias al efecto perejil. Como no se tire a la Fauna y, en su calidad de diosa de la fertilidad, ella haga un prodigio partero.

VERRACO Es que no te tocará ni un pelo. Tras beber el perejil fáunico le darás de inmediato esta otra planta (*Se la enseña.*) con el cuento de

que reforzará su potencia viril. Su «viagro»
o virilidad del campo. Y le dirás que, en lugar de gemelos, podréis tener trillizos, cua-
trillizos o… muchos «llizos».

CASTA EULAL.	¡Estás loco, Prepu! ¿Qué es esa otra hierba?
¿Cilantro? Haremos una ensalada César.

VERRACO	Es adormidera. Con ella y el vino, tu espo-
so se quedará dormido antes de tocarte.
Cuando despierte al cabo de unas horas no
recordará nada.

CASTA EULAL.	Vamos, como si fuera un necio.

VERRACO	Tú te encargarás de dejar el lecho conyugal
de tal modo que parezca que habéis tenido
una bacanal romana. O de Capri: dicen que
son más escandalosas, desde los tiempos de
Tiberio.

CASTA EULAL.	¡Qué bien! Es muy fácil desempeñar el pa-
pel de esposa hirviente, de incubadora, mi
Aristófanes. ¿Debo tirar la almohada al
suelo para darle más verosimilitud al te-
rremoto?

VERRACO	No vaciles, mi diosa. Esto es un complot y
no una comedia. Cornalvo se creerá que ha
recibido un premio por complacer tu —es
decir, mi— petición previa al favor de las
termas y la mina.

CASTA EULAL. Estoy confusa, como si hubiera ingerido dos o tres litros de hierbas. Mezcladas con el vino, claro.

VERRACO El plan es perfecto. Yo me haré dueño de las termas y, en apariencia, de cara a todos, también con la mina. Los patricios de Roma la obtendrán más tarde. Después del secuestro…

CASTA EULAL. …nos echarán a los leones del circo. Aderezados con el vino y las hierbas.

VERRACO No, no, exagerada. Cuando Cornelio Cornalvo esté en sus horas más bajas, tocado y hundido, tú le pedirás el divorcio.

CASTA EULAL. ¡Qué fácil! Le diré: «*Corni, cariño, te dejo con tus cuernos. Chao, bacalao.*».

VERRACO No seas terca. (*La abraza.*) Yo, mi amor, te estaré esperando. Venderé las termas al doble de su precio actual. Después nos iremos los dos a Capri. A disfrutar de la vida y de…

CASTA EULAL. …del amor.

VERRACO Sí, bueno, de eso también. Yo me refería a…

CASTA EULAL. A lo de siempre: el chunga, chunga.

VERRACO Sí, digo, no… ¡Por Venus!, se hace tarde y todavía no hemos dedicado nada a Venus,

mi diosa preferida, no como esa aburrida,
la coneja de Fauna.

(VERRACO *se abalanza sobre* CASTA EULALIA,
la besa y la acaricia. Trata de desnudarla. Pa-
sión «in crescendo» entre revuelcos junto al
agua. Se oyen unos cencerros, balidos y algún
ladrido de perro ovejero. Cada vez más cer-
ca. Los amantes de Proserpina detienen el com-
bate pasional. Miran, asustados, alrededor.
Un grito cercano, cuyo dueño no se ve, rom-
pe el encanto de la escena.)

VOZ   (*En off.*) ¡Hey! ¿Quién anda ahí?

(*Sorprendidos y asustados por el ejército in-*
vasor, se levantan. Se arreglan como pueden.
Ella se pone el velo del pecado y se encarama
en el carro. Él agarra el vehículo y, tirando
del mismo, corre huyendo del lugar como per-
seguido por seis leones de Namibia. Los cen-
cerros, balidos y ladridos se alejan hasta desa-
parecer. El carro, su ocupante y el conductor
salen por un lateral.)

Escena 8.
Los inventores.

> *Entran el* CORIFEO *y el* CORO. *Visten de puro negro. Portan cirios encendidos. Suena una música de réquiem —o un tambor de cadencia funeraria—. Antes de intervenir el* CORO, *uno alertará a los demás, al modo chirigota, gritando una palabra alusiva a la respuesta al* CORIFEO.

CORIFEO   El hombre es un lobo para…

UNO DEL CORO ¿Otra vez la misma partitura, jefe? ¿Por qué no la cambias?

CORIFEO   Perdón, me he equivocado. Lo siento mucho. No volverá a ocurrir. Empezamos: La peste arrasa pueblos y ciudades y los dioses...

UNO D. CORO   ¡Y los dioses!

> (*El* CORIFEO *hace un gesto de desaprobación por adelantarse el del* CORO.)

CORO   Y los dioses nos envían su castigo.

CORIFEO   Apolo lanza de nuevo sus flechas, como Ilíada homérica.

UNO D. CORO   ¡Apolo! Perdón, ¡Homero!

CORO   Apolo, perdón, Homero.

CORIFEO   Homero, el poeta, eternizó la peste en su
               poesía.

UNO D. CORO   ¡Homero!

CORO   Homero inventó el rastreo de los contactos.

CORIFEO   Tucídides, desde Atenas, puso la peste en la
               historia.

UNO D. CORO   ¡Tucídides!

CORO   Tucídides inventó la PCR.

CORIFEO   (*Se sale de la formación y se dirige, pujolia-
               namente hablando, al* CORO.) ¿Qué coño es
               la PCR?

UNO D. CORO   La peste cíclica y recurrente.

               (*El* CORIFEO, *gesticula desesperado y regresa
               a su lugar.*).

CORIFEO   Hipócrates enseñó al mundo el poder de las
               epidemias.

UNO D. CORO   ¡Hipócrates!

CORO	Hipócrates inventó la epidemiología o epidemia-de-tós-los-días.
CORIFEO	(*Gritando, se dirige al público.*) El coro que me acompaña está despedido temporalmente.
UNO D. CORO	¡El corifeo!
CORO	El corifeo acaba de inventar los ERTES.

(*Salen todos por un lateral. El* CORIFEO *va delante. A unos metros, el* CORO. *Van gritando repetidamente* «Sin-el-coro, no-hay-decoro» *hasta desaparecer. El lema debe sonar como* «Más trabajo, menos recortes».)

Escena 9.
Las orgías de Cornelio.

> Cornelio y Casta Eulalia *entran cogidos del brazo por la* valva regia, *muy cómodos. Ella, falsa como la famosa moneda, similar a Salomé en busca de la cabeza de Sansón.*

CORNELIO   He dormido como un lirón careto. Supongo, porque en verdad nunca le he visto el careto a un lirón. Ni tampoco he visto jamás un lirón…, si acaso, alguna lira.

CASTA EULAL.   (*Embaucadora.*) No me extraña, tras el trabajo extra de Hércules de anoche.

CORNELIO   ¿Anoche? Llevamos una semana entera de trajín. Tendremos una legión de niños. Y de niñas, supongo.

CASTA EULAL.   O dos legiones. Sería el primer caso de la historia de legiones mellizas: ¡Las gemelas!

CORNELIO   Lo mejor de todo es que no estoy cansado, aunque sí algo aturdido.

CASTA EULAL.   Yo, derrotada. Si Roma acosa así a los bárbaros, se adueñará del mundo entero.

CORNELIO   Lo extraño es que no recuerdo nada.

CASTA EULAL.   Pues yo como si lo estuviera viendo. Ahora sé por qué eres el gobernador y el jefe de las legiones.

CORNELIO   (*Finge curiosidad.*) ¿Por?

CASTA EULAL.   Porque eres el mejor... ¡Mi Espartaco!

CORNELIO   (*Finge modestia.*) Bueno, no tiene importancia, cariño. (*Con acento de* Homo cubanus.) Tú ya sabes, mi amol. Uno es como es...

CASTA EULAL.   Yo te voy a dar muchos hijos. ¿Me darás tú algo a cambio? Un pequeño regalo...

CORNELIO   Claro, mi mercadera cananea. ¿Cómo dudas de mí? Te daré la luna y...

CASTA EULAL.   La luna no, que está ennoviada con Calígula y ese es capaz de volver de su tumba.

CORNELIO   Pues, entonces, la tierra. Y el mar.

CASTA EULAL.   Eso está mejor. Es algo en relación con la tierra. Y con el agua.

CORNELIO   Soy todo oídos. Pide por esa boquita de piñón...

CASTA EULAL.   No, ahora no. Esta noche, antes de ir en busca de la futura legión infantil.

CORNELIO   O las legiones. Hoy me siento como un mi-
              notauro.

CASTA EULAL. Vamos para dentro. Luego te haré la deman-
              da de mi regalo, toro.

              (Salen tonteando por donde entraron.)

Escena 10.
La conspiración.

> *Entra* VIDRIATO. *Mira hacia los lados, vigilante. Por un lateral aparece* CUNILINGUO, *anda tranquilo, sin aparentar preocupación. Va hacia el encuentro con* VIDRIATO.

CUNILINGUO   Salve, Vidriato. Me alegro de volver a verte.

VIDRIATO   Salve, Cunilinguo. Lo mismo digo. ¿Tuviste problemas para encontrar a Orquídeo?

CUNILINGUO   No, ninguno. El mercado era un barullo de gente. Supongo que habría espías romanos y lusitanos. Pero el carro de Orquídeo era inconfundible. No sería extraño que se lo roben de noche, mientras duerme. ¿Fue Horacio quien escribió lo de «Mi...» No, no, no era su estilo. Tal vez fue...

VIDRIATO   No conozco a Horacio. ¿Sirvieron las contraseñas de contacto?

CUNILINGUO   Sí, y nos reímos porque aquello parecía bastante ridículo...

VIDRIATO	(*Sorprendido.*) ¿Has dicho… nos reímos? ¿Fuiste tú en persona en lugar de un emisario?
CUNILINGUO	Sí, claro. Cuánto menos gente lo sepa, más seguros estaremos.
VIDRIATO	Entonces, Orquídeo te conocería ¿no? Si las cosas fueran mal y lo apresasen, tal vez podría cantar y delatarnos. Sobre todo, si lo torturan. ¡Te has arriesgado mucho! Nos has…
CUNILINGUO	Tranquilo. Fui disfrazado de bereber mauritano. Imposible de reconocer. No llegó a verme la cara. Puse acento de Tarraco (*Se hace un Eugenio.*) ¿Sabes aquel que diu…?
VIDRIATO	Mejor así.
CUNILINGUO	Él también iba cubierto. No pude ver su cara. No sé quién es. Tuve la sensación de que cambió el tono de voz y trató de imitar, muy mal, por cierto, un acento peculiar, como si fuera de Campanarius, silabeando. Fue muy burdo, pero sirvió. Nos entendimos bien.
VIDRIATO	Excelente. La seguridad de todos es prioritaria. Nos jugamos terminar en la barriga de los leones. O crucificados boca abajo y abandonados en la encrucijada de dos caminos.
CUNILINGUO	¿Cómo va el asunto que nos interesa?

VIDRIATO   Progresando adecuadamente. He reclutado a centenares de hombres. Todos están entregados a la causa.

CUNILINGUO   Por mi parte, el plan sigue adelante. Ahora podemos poner sobre la mesa las intenciones de cada uno.

VIDRIATO   De acuerdo. Nuestro objetivo es la independencia. Reponer la república, como en los tiempos previos a Julio César.

CUNILINGUO   (*Sorprendido.*) ¿Qué independencia? No lo sabía. ¿De quién os queréis independizar?

VIDRIATO   De Roma. Del imperio. De *Augusta Emérita*. Queremos ser libres y republicanos.

CUNILINGUO   Yo pensaba que buscabais mejoras laborales en el campo.

VIDRIATO   ¡Qué campo ni qué leches! ¡Lusitania republicana!

CUNILINGUO   Acepto vuestra atrevida demanda. Parece una empresa imposible, pero torres más altas han caído, como dijo Vitruvio. No, fue Fidias. No sé, ahora no recuerdo….

VIDRIATO   Joder, no das una. Escucha con atención: estamos ungidos por el espíritu de Viriato, mi tatarabuelo.

CUNILINGUO   ¿Eres tataranieto de Viriato?

VIDRIATO   Sí, por parte de padre. Pero ¿cuál es tu o vuestro objetivo? Supongo que no estarás de acuerdo con la independencia, ni con la república.

CUNILINGUO   En verdad te digo, Vidriato, que, como dijo Cicerón, o Empédocles, cuando el gallo canta, la gente se levanta. Quiero decir que tanto una como otra me importan un pimiento de Campania. (*Lo acerca cogido del brazo y le habla en confidencia.*) Aquí, entre tú y yo, de jefe a jefe y no de patricio a proletario: yo, lo que deseo, quiero, anhelo y busco es el poder. Mandar. Desplazar a Cornelio Cornalvo Macrón y ocupar su silla curil de gobernador de Lusitania.

VIDRIATO   Joder con los demócratas. ¿Sólo eso?

CUNILINGUO   ¿Te parece poco? Cuando esté en el poder, me dará igual el imperio que la república.

VIDRIATO   Qué tío…

CUNILINGUO   En cuanto a ser independientes, no lo veo factible. Luchar ahora contra Roma es una locura. Al destino de tu pariente Viriato me remito. Y respecto a la república…

VIDRIATO   (*Reivindicativo.*) Viriato fue un héroe que arrodilló a la prepotente Roma. Si fracasó, fue por una traición…

CUNILINGUO   La traición es la savia que alimenta el árbol del poder. ¿Recuerdas al senador Paulo Casatus?

VIDRIATO   Sí. Lo apuñalaron los suyos, como a Julio César. Los de su propia familia…

CUNILINGUO   Es la política, muchacho. Hay que estar alerta. Las flechas y las lanzas que llueven del cielo las disparan los nuestros. Se clavan como si fueran de los enemigos. Pero, decíamos que la república…

VIDRIATO   Se implantaría tras la independencia. Una llevará a la otra.

CUNILINGUO   Lo veremos. Ahora lo que me importa es acabar con Cornelio Cornalvo, mi querido adversario. Tú y tu gente del LPR podéis prestarme una gran ayuda.

VIDRIATO   Ha llegado el momento de planificar la operación.

CUNILINGUO   Sí. Te cuento mi plan. A Cornelio le gustan las fiestas y los eventos en su lujosa casa. Piensa que es bueno socializar con los indígenas colonizados.

VIDRIATO   Será mamón ese cap…

CUNILINGUO   Sí, lo es, como el dios egipcio Mamón Rá…

VIDRIATO   No te vayas por las ramas otra vez.

CUNILINGUO   Vale. Tranquilo. No puedo evitar que me fluyan las referencias a…

VIDRIATO   ¡Céntrate en el plan!

CUNILINGUO   Yo veré al gobernador dentro de unos días por un asunto de impuestos. Lo incitaré a que organice algo, con el cuento de que debemos llevarnos bien y de paso, aprovechando que es muy de su pueblo, brindar por un paisano que ha conseguido llegar a primer gladiador del circo de Roma. Lo llaman Máximo Décimo Meridio.

VIDRIATO   Es conmovedor. ¡La Marca Lusitania! ¿Por qué no sigues con el plan?

CUNILINGUO   No seas irónico. Los buenos cazadores se sirven de señuelos. Y atrapan buenas presas.

VIDRIATO   (*Con ironía.*) Sin duda, Meridio es el Espartaco de la dehesa.

CUNILINGUO   (*Se ríe a carcajadas.*) ¡Qué cachondos sois los campesinos, quiero decir, los jefes del campo! Si acepta, que lo hará, me refiero a

Cornelio, no a Meridio Espartaco, estará a nuestra merced. Caerá en su propia jaula, es decir, trampa.

VIDRIATO   No creo que sea tan fácil. Te olvidas de su guardia personal, los pretorianos. Y de los pecholatas al mando de Custodio Rebaño, el más fiel entre los perros del poder.

CUNILINGUO   No me olvido de nada. Los neutralizaremos. El plan está diseñado. A Custodio Rebaño lo eliminaremos el día de autos.

VIDRIATO   ¿Matarlo?

CUNILINGUO   No, hombre, eliminar es quitarlo de enmedio. Lo hará uno de los nuestros.

VIDRIATO   ¿Quién?

CUNILINGUO   Enemas Culonio, el médico. Es una persona muy cercana a mí. Él y Custodio Rebaño se odian mutuamente, pero se soportan porque el uno depende del otro. Ahora colaboran con el gobernador contra la peste.

VIDRIATO   ¿Y cómo lo haréis? Me refiero a neutralizar al jefe de los pecholatas, a ese Rebaño.

CUNILINGUO   Muy fácil. Lo ha convencido para acompañarlos a una importante reunión en Itálica. A un *symposium*. Se juntarán los responsables sanitarios y del orden público de la

Bética y Lusitania para cambiar experiencias de acciones preventivas frente a la peste.

VIDRIATO ¿Y qué pinta Enemas Culonio en esta historia?

CUNILINGUO Organizará una reunión de médicos expertos en contagios. El ilustre galeno, que trabaja, y cómo lo hace, para mí, aunque sea el médico de Cornalvo, tiene muy buenas relaciones profesionales y políticas. Ha logrado que nombren a Custodio Rebaño organizador del evento «Perimetra, que algo queda». Es un simposio dirigido a los legionarios y a otros guardias. Lo retendrá varios días.

VIDRIATO ¡Por Júpiter!

CUNILINGUO ¡Y por Saturno! Nuestro camino, querido Vidriato, está explícito.

VIDRIATO Querrás decir expedito.

CUNILINGUO Eso, es que se me embrollan los conceptos.

VIDRIATO De acuerdo. Tu plan es bastante ingenioso. Eres un buen conspirador. Pero ¿cuál será nuestro papel? Me refiero a mí y al LPR.

CUNILINGUO Cuando lleguéis a la fiesta tú actuarás según tus planes guerrilleros. Te informaré de la fecha. Celebrarán un evento masivo de moda ahora. Lo llaman el ampulón.

VIDRIATO   ¿Qué coño es un ampulón?

CUNILINGUO Ah, perdona, se me olvidó que los del campo, incluso los que mandáis, no sabéis latín. Los capitalinos lo hablamos, el latín, en la intimidad. Y en la cama, el griego.

VIDRIATO   ¿Ampulón tiene algo que ver con ampuloso?

CUNILINGUO Ampulla es el nombre latino de botella. Los pijos de la corte son muy dados a estas extravagancias, a meter latinazgos y a hacer cosas distintas. Un patricio imperial que no haga un ampulón a la semana en su casa de campo o de la playa, está muerto. No existe. Los de Capri, que son los más melindrosos, lo llaman la ampulona.

VIDRIATO   Están locos esos romanos…

CUNILINGUO Sí, es cierto. Os presentaréis en torno a la hora de vísperas, recién puesto el sol. Primero me secuestraréis a mí de tal modo que lo vean todos. Es mi coartada.

VIDRIATO   Lo haremos como dices…

CUNILINGUO Ah, diles que me empujen solo un poco, sin pegarme. Conozco el percal de los mozos de cuadra a la hora de distribuir democráticamente leches. A la vez, secuestraréis a Cornelio Cornalvo. A él pueden zurrarle lo suyo y lo mío, para alcanzar así la media y la mediana aritméticas.

VIDRIATO   ¿Y lo llevamos preso contigo?

CUNILINGUO   No. Lo cobijarán en las termas. Tenemos un comando vigilante, entre tortura y tortura. A partir de ahí, yo me encargaré del resto con mi gente.

VIDRIATO   Respecto a la independencia y la república, ¿qué?

CUNILINGUO   Todo llegará, buen hombre. Tiempo al tiempo. No se construye un teatro empezando la obra por el púlpito. La *cavea ima* se hace antes que la *summa*. Paciencia.

VIDRIATO   (*Cabreado.*) No tiene sentido meternos en semejante lío sin garantías de alcanzar el objetivo.

CUNILINGUO   Lo lograréis. ¿Qué es más fácil? ¿Pelear contra todo el imperio romano, como los bárbaros de Panonia o del reino de Partia, para no conseguir nada, salvo que te aplaste la bota imperial recuerda al pobre ingenuo de tu tatarabuelo, o negociar el triunfo con un político profesional y preparado, como yo, que os entiende y apoya, valga la redundancia?

VIDRIATO   Visto así…

CUNILINGUO   Seréis independientes. Me encargaré yo. En cuanto a la república, lo uno llevará a lo otro. Primero la casa; luego, los muebles. Confía en mí. No olvides mi lema de campaña: «Vota a Cunilinguo: de un lago fabrica un charco… ¡en un respingo!».

VIDRIATO   ¡Madre mía! De acuerdo, genio.

CUNILINGUO   Ahora, vámonos. Cada uno, por un lado. Hasta la próxima cita. (*Campechano y le da unas palmaditas en la cara.*) Salve, «Vidri».

VIDRIATO   Salve, «Cuni».

(*Sale cada uno por donde entraron.*)

Escena 11.
El amor según Ovidio.

> *Suena la banda —sólo la música de las gui-*
> *tarras y bandurrias— de «Mi carro me lo ro-*
> *baron». Entra por un lateral* VERRACO *tiran-*
> *do del carro donde se oculta* CASTA EULALIA,
> *invisible para los espectadores. Dan algunas*
> *vueltas por el escenario y, al cabo de un rato,*
> *la música va* in decrescendo.

VERRACO   (*Voz alta.*) Querida, menudo engorro es el carro. Hay que inventar otro método. De seguir así terminaré deslomado, sin fuerzas para empujar... También me refiero al carro.

CASTA EULAL.   (*Desde dentro.*) ¿Me bajo?

VERRACO   ¡No!, ni se te ocurra hasta llegar a Proserpina. La seguridad es lo primero.

CASTA EULAL.   Como digas, «Verri».

> (*Un rato después, ya sin música.*)

VERRACO   Ya estamos en el pantano. (VERRACO *apar-*
ca el carro y, tras comprobar que no hay na-
die alrededor, ayuda a CASTA EULALIA *a bajar.*
Se besan y abrazan con fulgor. Cogidos de la

mano, se acercan al sitio donde estuvieron la última vez y se sientan. Se oye el croar de las ranas aristofánicas. Es un momento de magia anfibia: las ranas con su sinfonía y los amantes con su...) Bueno, por fin solos.

CASTA EULAL. Sí, qué bien. Tú, yo... y las ranas.

VERRACO Ojalá te oigan los dioses Apolo y Venus, a quienes les he puesto unas candelillas pidiendo que no aparezcan las ovejas y el maldito pastor del otro día. ¡Menudo susto nos llevamos! Y, además, nos quedamos con la miel en los labios mayores.

CASTA EULAL. *(Sorprendida.)* ¿Cómo? ¿Los labios...?

VERRACO *(Muy apurado.)* No, no, quiero decir... Eh, verás... Con la miel en la boca. Frustrados como un gladiador que no remata al rival por la misericordia del emperador. Pero hoy podremos fundir nuestras almas gemelas como dos llamas del mismo fuego. En la pira de la pasión.

CASTA EULAL. Uy, qué bonito. Mi amado poeta. ¿Por qué no me recitas algo de Ovidio?

VERRACO Joder... Ovidio. ¿No prefieres a Sulpicia, a Propercio o incluso repetir con Catulo?

CASTA EULAL. *(En plan fan del futuro Justin Bieber. Salta y grita.)* ¡O-vi-dio! ¡O-vi-dio! ¡O-vi-dio!...

VERRACO	Bueno, basta. Escucha esto. Publio Ovidio Nasón lo escribió en el Arte de Amar: «Si la mujer, por un sentimiento de pudor, no revela a la primera su intención, se conforma a gusto con que el hombre inicie el ataque».
CASTA EULAL.	Esos versos no son de Ovidio. Son tuyos, seguro, porque siempre quieres ir al grano. Ya lo dices con lo del ataque…
VERRACO	Juro por Júpiter, Venus, Saturno, Urano y Plutón que ese verso es original de Ovidio.
CASTA EULAL.	Vale, me rindo. Pues os parecéis como Rómulo y Remo, o sea, Publio Ovidio Nasón y Publio Verraco Guasón.
VERRACO	Cari, creo que podemos versificar en otro momento. Es muy importante hablar de la mina y las termas. Pero antes, por si vinieran las ovejas alcahuetas, deberíamos dejar que nuestros cuerpos, y no solo las almas, intercambien su pasional diálogo de suspiros, jadeos y algún ¡ay, mátame, cabrón!…
	(Suena una música de «striptease» —puede ser «Cabaret»—. CASTA EULALIA *comienza a despojarse de la ropa. Hace un baile muy sensual.* VERRACO *permanece quieto, embobado. Se entregan al juego del amor. Ajenos al mundo que los rodea, incluidas las supuestas ovejas inoportunas.)*

Escena 12.

El secreto de Proserpina.

> *Mientras* CASTA EULALIA *y* VERRACO *luchan en el campo de Cupido, por un lateral del escenario aparecen* CUNILINGUO *y* ENEMAS CULONIO. *Van cogidos de la mano, haciéndose carantoñas. Se abrazan. Se dan algún piquito tipo los del futuro Rubial, aunque muestran poca o nula pasión, en contraste con los vecinos de pantano.*

CUNILINGUO   Qué bonito está el campo, «Ene». Cuánta tranquilidad. ¡Y qué ganas de estar a solas!

ENEMAS   Y yo también. (*Enfadado.*) Pero, si no te digo que me voy al simposio de Itálica a jugarme el bigote con la peste rampante… Y que, a lo peor, no vuelves a verme nunca, tú, ni caso. (*Muy compungido.*) ¡Verás cuando te falte…!

> (*Hace como que lloriquea.*)

CUNILINGUO   (*Cariñoso.*) No digas eso, mi muso. Necesitaba estar contigo y hablarte. Además, tenemos que revisar el asunto de la fiesta cornelia para informarte del plan. Y tú debes hablarme de Custodio Rebaño y sus pecholatas. ¡No vayamos a tener complicaciones inesperadas!

ENEMAS ¿No ves? Si me llamas es solo por razones ajenas a mí, no por la necesidad de mi compañía. El amor es como las orquídeas, si no se riegan con cuidado y delicadeza, se secan.

CUNILINGUO No te confundas. Las orquídeas no son claveles ni cebollinos. Hay que aprovechar los momentos porque no tenemos oportunidades. Las ocasiones son efímeras como las mariposillas de la noche que pululan junto a las antorchas. Te demostraré cuánto y cómo te quiero. Y, hablando de riegos y regadíos, vamos a sentarnos junto al pantano, orquídea mía.

ENEMAS Vale, como tú digas, jardinero infiel. Luego, si eso, hablaremos del gobierno.

(Tan felices y cogidos de la mano, los amantes de acercan al pantano donde VERRACO *y* CASTA EULALIA *intercambian su pasión —ya estaba dicho más arriba, pero es que siguen dale que dale—. Sin saber aún quiénes eran,* CUNILINGUO *da una voz de alarma.)*

CUNILINGUO ¡Hey! ¿Quién anda ahí?

(Asustados, los amantes detienen su particular combate. VERRACO *salta como un verraco*

de verdad al sentir el dolor punzante del dardo o la flecha del cazador.)

VERRACO ¡Por Saturno y por «tos» mis muertos! ¡El pastor ovejero otra vez! Esta es una maldición de Catulo por ponerle los cuernos con Ovidio.

(CASTA EULALIA *se levanta y se viste acicalándose como puede. Los cuatro se encuentran a poca distancia, de tal modo que se reconocen.)*

CUNILINGUO ¡Orquídeo!

CASTA EULAL. (*A* VERRACO/ORQUÍDEO.) ¿Por qué te llama Orquídeo ese hombre? (*Se hace un futuro Perales.*) ¿Y cómo es él? ¿En qué lugar se enamoró de ti? ¿De dónde es? ¿A qué dedica el tiempo libre?

VERRACO (*A* CUNILINGUO.) ¡Por Saturno! ¡Cunilinguo! Verás, esto no es lo que parece. (*A* CASTA EULALIA.) Ya contestaré tu cuestionario.

ENEMAS ¡Casta Eulalia!

CASTA EULAL. ¡Enemas Culonio!

CUNILINGUO ¡Qué cabrón el Enemas, poniéndome los cuernos con una mujer!

ENEMAS ¿Cómo que poniéndote los cuernos? ¿Quién? ¿Y qué pinto yo en esta historia?

CUNILINGUO   (*A* ENEMAS CULONIO.) No, perdona, «Ene», he querido decir que ese paria le está poniendo los cuernos a algún cabrón. Y con su pobre mujer…

ENEMAS   ¿Y tú? ¿Qué me has hecho tú? Mírame: (*Hace el signo universal de los cuernos.*) «M'as empitonao, so mamón». ¡Te odio! ¡Ah!, y «esa pobre mujer», la que se está tirando a tu Buganvillo, es la esposa del gobernador Cornelio Cornalvo Macrón.

CUNILINGUO   ¡Joder! ¡Madre mía! Me parece que la hemos «liao» parda. (*Se hace un «Spiker» del futuro parlamento inglés.*) ¡Orden, orden…! Tranquilicémonos todos y todas. Parece existir una asamblea de malentendidos. (*Se dirige a* CASTA EULALIA.) Señora Cornelia, o Cornalva, o Macrona, yo soy… Bueno no importa: encantado de conoc…

CASTA EULAL.   Pues yo estoy encabronada. ¿Por qué llamas Orquídeo a mi Verraco Lidio Prepucio?

VERRACO
/ORQUÍDEO   Cari, no te…

CASTA EULAL.   (*Con la contundencia de un jefe de pretorianos cabreado con la tropa.*) Calla, cardo borriquero. (*Cara de asco profundo.*) ¡Bicho! Que conteste ese.

        (*Señala acusando a* CUNILINGUO.)

CUNILINGUO   Es muy complicado, ilustre dama. Tu Verraco, que es mi Orquídeo, aunque sin duda estamos de acuerdo de su condición de verraco, es… (*Se abanica la cara con las manos.*) Bien… En tiempos de tempestad lo mejor es irse echando leches. Soy experto en crisis. Lo que procede ahora es dejar las cosas como están. Marcharnos cada uno por donde hemos llegado. Tiempo habrá de aclarar el enredo.

ENEMAS   Esto lo dilucidaré yo nada más llegar a *Augusta Emérita*.

CASTA EULAL.   Enemas: si dices algo de lo que has visto y se llegara a enterar mi esposo, ordenaré que te echen una arroba de hierro fundido por cada agujero del cuerpo. Después de cortarte la lengua y de sacarte los ojos, naturalmente.

CUNILINGUO   Bueno, bueno, sin amenazar señora Cornelia. Con la lengua y los ojos basta. Los agujeros son de todos y también los quieren los dioses, como a los tostados de Namibia…

ENEMAS   ¿Qué dices, traidor? ¿Solo te interesa el calor de mi avispero? ¡Serás…!

VERRACO
/ORQUÍDEO   De momento, veamos cómo se puede resolver esta insólita situación. Lo mejor es pensar que aquí no ha pasado nada. Nadie ha

visto nada. No sabemos nada. ¡Nada de nada, monada!

ENEMAS ¿Cómo que nadie…?

VERRACO
/ORQUÍDEO Nadie conoce a nadie, incluso los que ya nos conocíamos somos desconocidos ¿Vale? No se puede sacar el texto de su contexto… (*Se dirige a* CUNILINGUO.) ¿Verdad, senador?

CUNILINGUO De acuerdo, sí… pero ya hablaremos tú y yo, semental de gallinero. Perdón, quiero decir Verraco Litio *et* Prepucio.

CASTA EULAL. (*A* VERRACO/ORQUÍDEO.) Sea, floripondio, pero espérame sentado en el puerto de Capri, en la urbanización Sototiberio, que saldré enseguida para allá. Ah, lamento no poder dar marcha atrás con el asunto de las termas y de la mina porque ya está hecho, que si no… (*Cabreo máximo.*) ¡Canalla! ¡Mentiroso!

ENEMAS (*Aligera la tensión general.*) Los médicos guardamos muy bien los secretos de alcoba…

VERRACO
/ORQUÍDEO Eso está mejor. Todo problema tiene una solución, aunque la solución sea un problema. Si el azar volviera a cruzar nuestras vidas, actuaremos como si fuera la primera

vez que nos vemos. ¡Nos llevaremos el secreto de Proserpina a la tumba! ¿Vale?

TODOS   Vale.

(Cada uno sale por un lado desmoronando la asamblea de enredos como demostración de que el imperio romano empezó su caída casi desde su nacimiento. El carro de VERRACO/ORQUÍDEO *quedaría más tarde, y para siempre, a la intemperie del olvido como mudo testigo del secreto de Proserpina. Aunque el destino le tenía reservado una plaza de aparcamiento temporal en la ciudad de Augusta Emérita.)*

Escena 13.

El discurso de Vidriato a su mesnada.

Por un lateral entran VIDRIATO *y sus huestes rebeldes. Un montículo o estructura sirve de púlpito. El cabecilla se encarama. Habla a los suyos. Gente de campo. Naturales de y residentes en Pax Augusta. Los paxaugustanos del LPR. Cuando el guerrillero va a empezar el discurso, brotan aplausos, gritos y vítores de las huestes vidriáticas. Euforia. Huele a triunfo del líder máximo. —sirva ese que usted está pensando—. El cabecilla pide calma y silencio.*

VIDRIATO   (*Habla y gesticula como lo haría siglos después el futuro Fidel Castro.*) ¡Pueblo de la república independiente de Pax Augusta! El destino, los dioses y las diosas me han traído aquí. Siento el orgullo de ser el pastor de este buen rebaño de gente corajuda afanada en romper el yugo que nos ata al imperio. Somos pocos, pero valientes. (*Aplausos.*). Somos, vosotros y yo… ¡los herederos de mi tatarabuelo Viriato! (*Muchos más aplausos y cánticos de «Vidriato, Vidriato, eres un jabato».* VIDRIATO *pide calma e invita a la masa a guardar silencio.*) Sí, Viriato. El valeroso lusitano que está ahora acompañando a los dioses gracias a las monedas de la traición que mancharon de mierda e infamia a unos cobardes asesinos (*Abucheos. Pide calma con un gesto.*) Se dijo que Roma no paga a traidores. Yo, Vidriato, el tataranieto, digo que Roma paga a canallas (*Aplausos. Gritos coordinados y unánimes de «Roma, escucha, 'Paxaugusta' está en lucha». Más aplausos y vivas. Algún «Viva Vidriato y su agüelo». El líder máximo pide calma de nuevo.*) Nosotros, los «paxaugustanos», cobraremos la deuda porque siempre hacemos pagar sus deudas a los enemigos. Será dentro de muy pocas jornadas. Hombres del LPR seleccionados por mí os explicarán en grupos de unos pocos, por los campos, las calles y los barrios cuál es el plan diseñado. Tenemos ayuda de fuera, muy importante, pero no menos trascedente es la que nosotros le prestaremos a ellos. Todavía no puedo decir quiénes son los aliados. Los parias del oeste lusitano conquistaremos el cielo de la República. Como cada uno de vosotros y cada una de vosotras ha conquistado mi corazón y mi corazona... Perdonadme, que me he crecido con lo de la inclusión. Tengo el corazón «partío» por la independencia. Unidos y unidas venceremos. Matria o muerte. Libertad o imperio. Y para los capitalinos y capitalinas que presumen de saber latín, que a los rurales nunca nos enseñaron, ¡*dictum est*!, me parece que se dice así.

(*Gritos, vivas, aplausos, voces.* VIDRIATO *se baja del pulpito y sale, seguido de su tropa alentada por el afán de triunfo. Salen cantando, con cierto desentono, «Porque es un guerrillero excelente».*)

Escena 14.
El ampulón en la casa de Cornelio.

> *El escenario se viste de fiesta. Música, bailes, risas, copas. Parejas y corrillos de invitados. El ambiente es el propio de un botellón actual —en el supuesto que nos ocupa, de un ampulón o ampulona, dicho en terminología imperial de la península itálica— donde se encontrarán de forma progresiva y continua los personajes. Van entrando. Se mueven por la fiesta con saludos y charlando unos con otros, hasta la entrada de* Cornelio *y* Casta Eulalia. *Lo hacen por la valva regia. Van cogidos del brazo, con pompa. Un criado los anuncia, como si fueran el emperador y la emperatriz de Roma.*

Criado   (*Grita.*) El gobernador Cornelio Cornalvo Macrón y su distinguida esposa Casta Eulalia, la orquídea de Augusta Emérita.

           (*Los asistentes aplauden y vitorean. La pareja se incorpora al sarao. Saludan con un gesto a* Cunilinguo.)

Cunilinguo   Salve, noble Cornelio Cornalvo Macrón. Gracias por invitarme. Es una fiesta muy bonita y animada. Será tendencia en la red de la ruta de la plata.

CORNELIO   Salve. Gracias a ti, amigo Cunilinguo. Estas reuniones sirven para limar asperezas y cortar cabe… quiero decir, cortar cadenas de incomprensión. Al fin y al cabo, los que todavía estamos vivos somos personas razonables y educadas. ¿Conoces a mi esposa, la bella Casta Eulalia?

CUNILINGUO   Sí, claro… (*Muy azorado.*) Quiero decir que no. No la había visto antes. Sé de ella porque su hermosura y su talento están en boca de todo el mundo. (*A* CASTA EULALIA.) Encantado de saludarte, bella Casta…

CASTA EULAL.   (*Con ironía punzante que abre la veda a un diálogo venidero de máxima tensión.*) Yo también he oído hablar de ti, y no solo por la faceta política. Mi jardinero me ha dicho que eres un gran amante de las orquídeas…

CUNILINGUO   (*Pálido, con la cara demudada, pero tratando de sonreír.*) Bueno, digamos que me gustan todas las flores y las plantas. De hecho, mis amigos de Tarraco me llaman (*Con acento catalán forzado.*) el «juntaflors». Incluso alguno me propuso llamar a mi partido político *Junts per les flors.*

CASTA EULAL.   No me extraña…

CUNILINGUO   (*Con risa forzada.*) Y tú, según se dice, eres una gran amante de los animales, de algunos en concreto, como los verra...

CASTA EULAL.   (*Lo interrumpe de sopetón.*) Quieres decir los vernáculos o autóctonos, ¿no?

CUNILINGUO   Lo que quiero es...

CASTA EULAL.   Saber cuántos son, claro. Pues muy pocos. Además de los vernáculos, solo algunos gatos siameses, perros pequeños, ciertas aves exóticas, los caballos percherones, los leones del circo, los elefantes de Asia, los dromedarios de Arabia, las serpientes de cascabel como...

CUNILINGUO   (*La frena en seco para cortar su lengua ofídica o viperina.*) Entonces, entre los vernáculos, te gustarán los verracos, ¿no? Como debes de saber muy bien, así llamamos en *Pax Augusta* a los cochinos sementales.

CASTA EULAL.   Si, te conozco bien, quiero decir que conozco muy bien a los cerdos.

CUNILINGUO   Es el animal totémico de Lusitania.

(CASTA EULALIA *hace un gesto como para agredirlo, sin perder la sonrisa.* CORNELIO, *al tanto del combate dialéctico que no interrumpe intencionadamente, la detiene con suma discreción y una sonrisa de «corpore insepulto».*)

CORNELIO   (*Como si estuviera ajeno al intercambio de ci-
            cuta entre su esposa y el político conspirador.*)
            Disfruta, amigo Cunilinguo, y exhibe la
            virtud acreditada de tu movediza lengua
            mientras vamos a saludar a otros invitados.
            (*Se alejan de* CUNILINGUO *hablando entre ellos
            con disimulo para no ser escuchados por los
            demás invitados.*) Cariño, aguanta el genio.
            El comentario soez de ese bicho no iba con-
            tra ti.

CASTA EULAL. ¿No? ¿Quieres decir que el cerdo lusitano
            eres…?

CORNELIO   Sí, ingenua mujer. El burro cochinero que
            habita a Cunilinguo ha pretendido dar una
            coz en culo ajeno. Es mi adversario políti-
            co. Al decirte eso a ti, se refería a mí. Pero
            no insulta quien quiere, sino…

CASTA EULAL. Vete al cuerno, Cornelio Cornalvo. No tie-
            nes ni puta idea de lo que ocurre en torno
            a tu ilustre cabeza imperial local. (*Un grito
            entre los invitados pide a* CORNELIO *que ha-
            ble. Algunos apoyan la idea y se suman. Él
            sube por la rampa dispuesto a hacerlo.* CAS-
            TA EULALIA *elude arrimarse a* VERRACO *y a*
            CUNILINGUO. *Y se acerca a* HOSTIA. *Cargada
            todavía de veneno que retiene en la boca como
            una cobra de Pakistán. Puede ser una víbora
            ibérica de cualquier sierra, valga la de Hor-
            nachos.*) ¡Qué sorpresa! Ignoraba que tú tam-
            bién vendrías. Pensaba que las sacerdotisas

no participan de los eventos laicos donde se congregan quienes desobedecen e insultan a los dioses con su conducta inmoral.

HOSTIA   La ignorancia es patrimonio de la humanidad, querida. (*A falta de veneno ofídico, sirva un poco de cicuta para imaginar la intención del comentario.*) ¿Qué te ha dicho Cunilinguo? Supongo que alguna impertinencia, si sirve de prueba la cara de estreñida que has puesto.

CASTA EULAL. Sí. Me ha comentado, con la sinceridad que le caracteriza, que cómo permito que una vieja chocha (*La señala con el gesto universal de abrir los brazos con las palmas de ambas manos hacia arriba, como si le dijera un «Voilá, madame» imposible porque todavía no había nacido el francés como lengua romance.*) que está todo el día rezando a los dioses venga —la chocha, claro— a una fiesta pagana del tipo de este pedazo de ampulón en la residencia de Cornelio Cornalvo, mi esposo.

(*La agarra del pelo con disimulo, por atrás, como si la estuviera abrazando para besarla. CORNELIO está en el púlpito presto a hablar, mientras saluda. Pide silencio.*)

HOSTIA   (*Se suelta del agarrón traicionero, sujeta por el brazo a CASTA CORNELIA que lo dobla por detrás con habilidad olímpica y le habla al oído*.) Pues haberle respondido que tú solo invitas a la gente de tu edad y condición, querida… ¿cornuda? (*Se separa de ella con cierta brusquedad*.) Me aparto, que el sobaco te huele a esparto.

(*La suelta y se aleja tapándose la nariz con elegancia.* CASTA EULALIA *permanece entre hemipléjica y absorta*.)

CORNELIO   Amigos, nobles e ilustres habitantes de Augusta Emérita y de toda Lusitania, en especial de la querida Pax Augusta. (*Suena la música apropiada y se hace un Miguel Ríos cantando y gesticulando como un futuro rockero*.) Buenas noches, bienvenidos, hijos de Lusitania… os saluda un a-li-a-do de la causa. Bienvenidos al evento y gracias por estar aquí, vuestro apoyo nos hará independienteeees…». (*Aplausos y vítores. Se para la música y retoma el discurso normal*.) Permitidme que personalice y destaque a una persona entre los invitados, el honorable Cunilinguo, representante político del oeste de Lusitania. Es mi adversario y, sin embargo, también es mi amigo. (*Más aplausos y vítores*.) Corren tiempos difíciles para todos. A Cunilinguo (*Lo señala*.) le ha tocado desarrollar su vocación en una zona difícil, singular, con una forma de ver la convivencia que encaja con dificultad en nuestro modelo de estado. (*Algún pitido y protesta.* COR-NELIO *pide calma. Se hace un irremediable*

Rajoy.) Lusitania es Roma y Roma es Lusitania. Los lusitanos son imperiales y los imperiales son lusitanos y mucho imperiales y lusitanos. Por tanto, si Roma es un imperio, Lusitania es una parte, pero también es la totalidad del imperio. ¡Es el imperio! (*Aplausos y vivas*.) Los políticos tenemos que hablar entre nosotros, aunque partamos de posturas antagónicas, como un sesenta y ocho verbal, para solucionar los problemas del pueblo. Debemos intentar que las tensiones entre unos y otros amainen. Se trata de cultivar la convivencia. (*Aplausos*.) Debemos sembrar la paz, como hizo nuestro *páter* fundador el divino Octavio Augusto. (*Aplausos*.) Debemos… (*Se oyen voces y gritos*.) Pero… ¿Qué pasa? ¿Quién se atreve a hostigar la casa del gobernador de Lusitania y el máximo representante de Roma?

Escena 15.
El secuestro.

Se oye un grito colectivo de «Matria o muerte». *Entran en tropel un grupo de hombres armando bulla. Algunos dicen* «Al suelo, al suelo». *Otros gritan* «Quieto todo el mundo» *y* «Se callen, coño». *Los invasores van armados con horcas, bastones y palos. Lucen ropa de campo. Llevan las caras cubiertas con turbantes de tela al modo de los bereberes mauritanos de la Mauritania Tingitana. Ocupan el espacio, apartan a la gente en un solo grupo al que acorralan —de ser posible, uno de los amotinados debería llevar, atado a una cuerda, un perro de la raza* Border Collie, *para resaltar más la imagen de acoso o control del rebaño—. Separan a* Cunilinguo, *quien aparenta forcejear contra los intrusos. Lo sacan por un lateral. Hacen lo propio con* Cornelio, *quien lucha de verdad, pero no puede contrarrestar a los numerosos atacantes. Le colocan un saco negro modelo CIA o, si son más baratos, variante de narco, cubriendo la cabeza. Atan las manos del gobernador de cabeza saqueada y se lo llevan por el lateral contrario al de* Cunilinguo. *Aprovechando el barullo,* Casta Eulalia *huye por la valva regia sin que nadie lo perciba.* Hostia *se queda en su sitio, pero se aparta con discreción del grupo. Uno de los hombres encubierto al modo bereber, el cabecilla, (Spoiler: se puede suponer que es* VIDRIATO.*) sube a la rampa en la que estaba hablando* CORNELIO. *Parece perseguir a* CASTA EULALIA, *pero no es así. Todos los revolucionarios, como si fueran uno, elevan al cielo sus horcas, bastones y palos recordando lo que, muchos años después, unos alcaldes harían junto a su caudillo en las remotas tierras de Tarraco.*

VIDRIATO

(*Se encarama en la tarima mitinera y grita.*) ¡Pueblo de Lusitania! (*Se descubre para hablar al resto de asistentes, los cuales están entre alucinados y asustados.*) ¡Miradme! Soy Vidriato, el jefe del movimiento revolucionario LPR, es decir, Lusitania por la República. (*Se hace un Pepe Isbert.*) Como jefe del LPR os debo una explicación, y esa explicación os la voy a dar. (*Aplausos muy tímidos y un siseo generalizado conminando a parar.*) Mis hombres y yo venimos de *Pax Augusta* para reivindicar en la delegación imperial de Roma, nuestro derecho a la independencia (*Aplausos de sus hombres.*) También el deseo irremediable de implantar la república engrandecida por Julio César y traicionada por Octavio. (*Más aplausos.*). Es solo el principio... El principio del fin del imperio. (*Explosión de gritos, vivas y aplausos. Excitado por el momento, salta.*) La caída del... (*Se mueve algo debajo de sus pies y va al suelo. Como si fuera una sesión del futuro congreso de los diputados de Hispania, hay aplausos de los invitados al ampulón, silbidos de algunos indecisos y gritos de sorpresa de los suyos, que bajan las horcas, los bastones y los palos. Revuelo general. Lo ayudan a incorporarse. Se recompone y sacude la ropa.).* Disculpad este pequeño incidente. Son cosas del directo. El imperio se rompe... Un hombre puede ser derrotado, pero nunca destruido. Y, mientras siga de pie, puede luchar. *(Aplausos de los suyos. Eufórico.)* Augustoemeritanos, estáis siendo testigos de un acontecimiento histórico que será narrado en los *Anales* por los historiadores de Roma, como hicieron con las batallas de Farsalia, Zela, Munda, Accio...

UNA VOZ   A ver si nos vas a contar ahora toda la historia, Tito Livio. Que esto es un secuestro, no una lección del pórtico estoico.

(Risas y aplausos. La sacerdotisa HOSTIA, *que se apartó de todos en pleno jaleo y se colocó en un sitio discreto, aprovecha el momento del discurso para salir por una valva hospitalia.)*

VIDRIATO   *(Mira al grupo buscando al que gritó, sin éxito.)* Tienes razón, quien quiera que seas. Augustos eméritos y jóvenes augustos de *Emérita Augusta*: La voz del pueblo siempre tiene razón. Con vosotros conquistaremos el cielo de...

VERRACO   Oído, Vidriato. ¿Qué vas a hacer con noso-
             tros? Somos inocentes, no tenemos nada
             que ver con la política ni con Cornelio Cor-
             nalvo.

VIDRIATO   (*Como si no lo conociera, según el acuerdo
             previo.*) Ciudadano... ¿ciudadano qué?
             ¿Cuál es tu nombre?

VERRACO   Verraco.

             (*Risa general.*)

VIDRIATO   Escucha, Verraco. Todos los presentes, de
             forma ordenada, os ireis a casa. Contad al
             mundo lo que vuestros ojos han visto. Y su-
             maos a la causa de la independencia repu-
             blicana.

UNA VOZ   (*Cantando y saltando.*) Soy imperial, impe-
             rial, imperial... Soy imperial, impe...

             (*Un golpe seco con un palo propinado por un
             guerrillero le corta la efusiva salida.*)

VIDRIATO   No tenemos nada contra Augusta Emérita.
             Y menos aún, contra su ciudadanía. Lucha-
             mos para derrocar el poder asfixiante del
             imperio. Combatimos por una idea y, si los
             círculos de los ciudadanos, las ciudadanas
             y les ciudadanes no nos apoyaran, luchare-
             mos hasta el final. Id saliendo. ¡Matria o
             muerte! ¡Libertad o imperio!

UNA VOZ   ¡Imperio y vida!

*(Nuevo palo postcefálico silenciador y anes-
tesiante. Obedeciendo la orden de cierre, el escenario queda totalmente vacío.* VIDRIATO *y
los suyos salen por donde entraron. Alguien
ayuda a los lesionados a levantarse y a salir
apoyados y mareosos.)*

Escena 16.
Cítaro y las nubes.

> *Dos* PECHOLATAS *vigilan en la entrada de la valva hospitalia derecha. El* CORIFEO *entra por un lateral. Va sin máscara y viste de calle. Mira para todos los lados, como buscando a alguien. Al verlo, el* PECHOLATA 1 *le da el alto y le pide identificarse.*

PECHOLATA 1   Alto, ¿quién va?

CORIFEO   Soy Beato Illa, el famoso corifeo de Tarraco, capital de la Hispania Citerior.

> (*Los* PECHOLATAS *se miran entre sí en señal de no saber quién es el personaje y no digamos Tarraco y la Hispania Citerior.*)

PECHOLATA 2   ¿Qué buscas, famoso corifeo, en el célebre teatro de *Augusta Emerita*? No está abierto para viajeros y fisgones.

CORIFEO   Busco a Cítaro, el jefe máximo del *Theatrum*.

PECHOLATA 1   ¿Tienes cita? Ahora está reunido con el *consortium* de…

CORIFEO   Lo sé. Estoy convocado a esta hora y en este día. Me citó él en persona.

PECHOLATA 2   Espera ahí.

(*El* PECHOLATA 1 *sale por la valva. Al cabo de un rato, que el* CORIFEO *aprovecha para admirar las impresionantes columnas, el soldado regresa. Lo hace acompañado de* CÍTARO *quien le indica, con un gesto de la mano que se retiren él y su compañero. Salen ambos guardias.*)

CÍTARO   Salve, Beato Illa. ¿Qué asunto te urge tanto?

CORIFEO   Salve, Cítaro. Gracias por recibirme. Verás, es que…

CÍTARO   No sigas. Me vas a hacer una proposición de trabajo. Para ti, claro. Debes de tener una…

CORIFEO   No… Bueno, sí. Verás, como sabes, la peste…

CÍTARO   No me hables de la peste. Menuda nos ha causado la maldita en este año del cometa.

CORIFEO   Como a todos. Con el asunto de las perimetraciones no podemos salir de *Augusta Emérita*. (*Adulador.*) He pensado que, si lo tienes a bien, podríamos hacer algo…

CÍTARO   Hacer qué. Yo ya hago muchas cosas.

CORIFEO   Por ahí voy yo. Hacer una función, en el teatro que con tan buena mano diriges para animar al sufrido pueblo que...

CÍTARO   ¿Hablas en plural mayestático o en plural-plural? ¿Pides trabajo para ti o para toda tu familia, aprovechando que el río Ana pasa por Metellinum y Augusta Emerita?

CORIFEO   Para mi familia, es decir, para el coro, que es como mi familia. Me dan algún disgustillo que otro, pero los quiero como si fueran mis hijos o hermanos.

CÍTARO   ¿Tienes un *cursus honorum* o un *curriculum vitae* tuyo, y de la compañía, para verlo yo aquí y ahora?

CORIFEO   ¿Ahora? No esperaba que lo pidieras tan pronto, pero te lo traeré lo antes posible.

CÍTARO   Entonces dime qué es lo último que habéis hecho. Por éjemplo, ¿alguna tragedia?

CORIFEO   Hemos participado en obras de Sófocles, Esquilo y Eurípides. Y la Medea de Séneca...

CÍTARO   Muy bien. En comedia qué, ¿tenéis alguna cosilla por ahí?

CORIFEO   Aristófanes y Menandro, entre los griegos, y nuestros no menos ilustres Plauto y Terencio.

CÍTARO   Es un buen menú, aunque habrá que ver una actuación antes de decidir. Sólo hacéis de coro, ¿verdad? Supongo que es vuestra especialidad…

CORIFEO   Te refieres a si…

CÍTARO   A si tenéis una obra propia, o ajena, que podáis representar entera como una compañía solvente. Necesito savia nueva. Obras originales, autores desconocidos, si es posible lusitanos…

CORIFEO   En verdad representamos poco. Por falta de presupuesto. Vivimos de hacer bolos con el coro: un Sófocles en Caparra, un Aristófanes en Metellinum, ahora Esquilo en Regina, luego Séneca en Norba Caesarina, algún recuerdo de los Tartesos, como Astarté, en Cancho Roano…

CÍTARO   (*Gesticula con las manos indicándole parar el discurso.*) ¡Vuestra! He dicho una obra vuestra. Una que…

CORIFEO   Tenemos una original, aún por estrenar. Podría ser un gran éxito, una explosión de teatro bueno, de calidad. Como un Vesubio dramatúrgico que vomitara por su boca telúrica bocanadas de arte y de literatura.

CÍTARO

Hombre, no parece la mejor metáfora después de la que le cayó encima a Pompeya y a Herculano y su gente.

CORIFEO

Tienes razón, perdona. Es que a veces me sale el poeta larvado y urdidor de metáforas que me habita.

CÍTARO

(*Irónico.*) Más bien lávico, por la lava, que larvado, por la...

CORIFEO

Es cierto, Magister. La lava de la pasión me brota.

CÍTARO

Dime, volcánico autor, ¿qué obra original es esa que hará estremecer al Vesubio y, supongo que también, en sus respectivas tumbas, a Sófocles, Esquilo, Eurípides y a todos los que has citado.

CORIFEO

Se titula...

CÍTARO

¡Para, para! Un momento. Antes dime quién es el autor de la joya dramática por si...

CORIFEO

(*Humilde, modesto, restando importancia al hecho.*) Ejem, el autor es... soy yo. Ego sum.

CÍTARO

¿Tú? ¿El gran Beato Illa, conocido por su maestría a la hora de dirigir el coro, eres también un... dramaturgo? (*Irónico.*) Sin duda, no de los grandes...

CORIFEO	Sí. Ya ves. (*Finge modestia.*) Yo no diría grande, solo un corifeo que esconde a un…
CÍTARO	¿Tu quoque, Illa?
CORIFEO	Uno no es lo que parece, sino lo que en verdad es. Mi vocación literaria ha estado, hasta ahora, camuflada por la acción «corifeica».
CÍTARO	(*Socarrón.*) Una lástima, una pena.
CORIFEO	Ya te digo. Pero con tu inestimable ayuda puedo dar el salto definitivo a la escena en calidad de autor. Modesto, pero, al fin y al cabo, un autor. No escribe quien quiere, sino quien…
CÍTARO	Sino quien… ¿sabe escribir?
CORIFEO	Naturalmente. Escribir no es juntar letras. (*Pedagógico, crecido.*) Escribir es…
CÍTARO	Vale, no sigas el sermón catilino. Dime el título de tu magna obra.
CORIFEO	«Viriato». (CÍTARO *se tambalea, parece caer al suelo, con los ojos cerrados, los brazos estirados como buscando el punto de apoyo que demandó Arquímedes un buen día, afanado en mover el mundo. El* CORIFEO, *acostumbrado a las gamberradas del* CORO, *reacciona con reflejos y sujeta a* CÍTARO *antes de que caiga*

al suelo. Pide ayuda a gritos.) ¡Guardias, ayuda! ¡A mí la legión! (*A* CÍTARO.) ¡Cítaro, Cítaro, por todos los dioses del Olimpo y los lares de la Lusitania plena! ¿Qué te pasa? ¡Dime algo! ¡No fallezcas! (*Se marca un Luismoya.)* ¡Trata de arrancar, por Zeus! ¡Cítaro, trata de arrancar, coño!

CÍTARO   (*Farfullando.*) Vi...Vir...Viri...a...to. (*Se recompone.*) ¡La madre que te parió, Virifauno!

(*Aún algo confundido, empieza a reponerse. Se abanica la cara con las manos. Hace un estiramiento.*)

CORIFEO   ¡Qué alegría que te hayas repuesto!

CÍTARO   (*Como si acabara de llegar.*) Escucha, Beato Illa, mejor dejamos tu obra para otro momento. Entiendo tu deseo irrefrenable de estrenar, pero no está la ensalada lusitana para echarle una vinagreta de *garum* independentista, y precisamente ahora.

CORIFEO   (*Sorprendido.*) ¿He metido la pata, Magister?

CÍTARO   No, no... Bueno, para ser sincero, Beato, las dos. Has metido las dos. Hasta los corvejones.

CORIFEO   (*Se mira las piernas.*) ¿Las dos?

CÍTARO	¿Tú sabes cómo está el ambiente aquí después del «*prusés paxaugustano*»? Nombrar a Viriato es como si alguien le hubiera dicho a Tiberio, en el mismo Capri y rodeado de niños prepúberes, que tenía el cutis facial liso como la piel de una rana lagunera.
CORIFEO	No sabía que… Lo siento… Yo… Comprenderás que los escritores estamos habitualmente encerrados, ensimismados, perimetrados en nuestro propio mundo creativo…
CÍTARO	En las nubes, vamos.
CORIFEO	¿Cómo?
CÍTARO	Aristófanes… Me refiero a la comedia *Las nubes* de Aristófanes. Como sabes, Estrepsiades envió a su hijo Fidípides al pensadero o pensatorio donde Sócrates y Querefonte enseñaban sobre lo justo e injusto.
CORIFEO	No te entiendo.
CÍTARO	Me hago cargo. Es por lo que has dicho de los escritores y su mundo. Me ha venido a la cabeza el nuboso Aristófanes. Intuyo lo que debe suponer para un genio como tú estar siempre en las nubes, es decir, en tu mundo.
CORIFEO	Ah, ya. No había caído… de las nubes. (*Adulador, dando un ligero golpe de confianza con*

el codo a CÍTARO.) ¡Cómo conoces los entresijos del teatro y el alma de los teatreros, Magister!

CÍTARO

Ya ves, solo llevo más de treinta años y todavía estoy aprendiendo de vosotros. En fin, (*Le da unas palmaditas en la cara.*) vamos a dejar tu «*Viriato*» para otro rato. ¿Vale?

CORIFEO

Como digas. Tú eres quien…

CÍTARO

Por eso, por eso… Yo soy aquel. Dentro de unos días o semanas te llamaré para que vengas con tu gente. Me haréis una demostración coral. Un pase.

CORIFEO

¿Tienes alguna preferencia? ¿Algún autor de tu gusto? ¿Alguna obra en concreto?

CÍTARO

Ya que estamos metidos en harina, el mismo Aristófanes. Para qué cambiar. Y, por la misma razón, algo de «Las nubes».

CORIFEO

Pero, Magister, si no recuerdo mal, el coro en esa comedia lo forman solo mujeres…

CÍTARO

Claro, más mérito tendrá lo vuestro. Las mujeres tienen los mismos derechos que los hombres. ¿No? Además, cubiertos con las máscaras griegas nadie sabrá que todos los coristas sois varones. Es el reto por superar. Engañar al espectador.

CORIFEO   Visto así…

CÍTARO   ¡Hala!, a ensayar, artista. Recuerda: *Las nubes, Las nubes.*

CORIFEO   Gracias, Magister. Mis muchachos y yo no te defraudaremos. (*Se golpea el pecho y pone los dedos índices dirigidos hacia el cielo como muchos jugadores del futuro fútbol cuando dedican el gol al abuelo recién ascendido a las nubes.*) ¡Que Talía te proteja! Salve, Cítaro.

(*Sale.*)

CÍTARO   Y que te proteja a ti también, dramaturgo. Y a los tuyos. (*El Magister, moviendo la cabeza a los lados como si dijera para sí «Es chica la avería», observa la salida del* CORIFEO *Beatus Illa. Cuando ha salido,* CÍTARO *mira al cielo y grita con los brazos abiertos.*) Padre Aristófanes, perdónalo que no sabe lo que dice. Qué acierto tuviste al escribir en *Las nubes* «*El temple arrogante de este individuo no está falto de audacia, sino dispuesto a todo*». Ya ves, con esta tropa tengo que trabajar a diario. Y también en plena peste, mejor dicho, dos pestes: la infecciosa y la de los estultos, mucho más contagiosa.

(*Sale por la valva regia.*)

Escena 17.

Post tempestas.

> *Mientras entra el* Coro *lentamente, todos con máscaras blancas, en fila de a uno, sin prisas, seguido a distancia del* Corifeo, *suena el «Cum dederit» del «Nisi dominus» vivaldiano. A la par de la música introductoria al canto, una voz en off recita la letra alternando el latín —voz de varón— y el castellano —voz de mujer—.*

VARÓN (*Voz en off.*) *Cum dederit dilectis suis somnum.*

MUJER (*Voz en off.*) Colma a tus queridos en su sueño.

VARÓN (*Voz en off.*) *Ecce haereditas Domini, filii.*

MUJER (*Voz en off.*) He aquí la herencia del Señor, sus hijos.

VARÓN (*Voz en off.*) *Merces, fructus ventris.*

MUJER (*Voz en off.*) Su recompensa, el fruto de sus entrañas.

(Tras hacer el recorrido por el escenario, se colocan de cara al público coincidiendo con el final del «Cum dederit». El Corifeo *se sitúa en el medio y algo adelantado del* Coro. *Silencio absoluto. Son unos segundos interminables, de transición de la música sacra al cachondeo latente y a punto de llegar.)*

UNO DEL CORO   ¿Qué pasa, Beato? ¿Empezamos o no? Tengo entradas para ver a los gladiadores. Hoy actúa *Gladiator* en el festival de *Metellinum*. Está haciendo bolos por Hispania.

OTRO DEL CORO   *(Señala al* CORIFEO.*)* El capataz parece hoy un mudito. ¡Chacho, arranca, por Baco y sus viñedos de la ribera del Ana!

CORIFEO   *(Como ido, en otro mundo.)* Si me queréis, callarse. Acabo de sentir dentro de mi cabeza una música de los cielos que es un ejemplo de lo que tenemos que cantar. Estoy pensando que…

(Aplausos del CORO.*)*

UNO   Pues no pienses mucho que se te derrite el «celebro».

(Nuevos aplausos. Y un canto unánime, saltando todos los coristas: «Un bote, dos botes, quien no salte es carajote».)

CORIFEO   (*Cabreado.*) ¡Silencio, bárbaros! (*Se callan todos.*) Previo a ensayar, os comento que ayer me reuní con el Magister Cítaro. Está muy interesado en vernos actuar. Es un trámite obligado antes de dar un trabajo en...

OTRO   No insistas mucho. Relativiza. Para trabajar siempre hay tiempo. Y esclavos, que ahora están baratos en el mercadillo de *Caparra*...

   (*Risa coral.*)

UNO   (*Al* CORIFEO.) Tú deja que el león se coma a quien quiera.

   (*Más risas y aplausos de todos.*)

CORIFEO   Dejad ya las gamberradas. Parecéis púberes lampiños y «atontaos». De momento, solo actuaríamos en calidad de coro en una obra de un autor famoso.

UNO   ¿Y por qué no representamos una nuestra? Como tu «Viriato».

CORIFEO   (*Con el dedo hace un gesto de silencio al demandante mientras mira alrededor.*) ¡Calla, canalla! Antes muerto que Viriato. Aquí no se puede nombrar a ese agitador de pobres campesinos porque nos crucificarían a todos después de empalarnos por la cloaca magna del cuerpo. ¡Viriato es un comegambas!

UNO	¿Conocéis alguno a ese Vi... (*Todos los del* CORO *y el* CORIFEO *hacen el gesto de guardar silencio. Habla bajito.*) A ese... comegambas...
CORO	(*Acompasados.*) Vade retro, que viene Custodio Rebaño de perimetrar con el metro.
CORIFEO	Así es mejor. Empezaremos a ensayar algo conocido antes de Aristófanes. Oído, coro.
CORO	¡Oído, corifeo!
CORIFEO	La vida de la humanidad es como la vida de los hombres.
CORO	Si huele a humanidad es que huele a hombre.
CORIFEO	La humanidad huele.
CORO	Los hombres huelen.
CORIFEO	El hombre que huele es un lobo para el hombre.
CORO	La mujer que...
	(*Silencio.*)
UNO	La mujer es una loba para el hombre. Si huele bien, es presa «p'al lobo».

OTRO   Y «p'al» hombre.

CORIFEO   Según el médico lusitano Enemas Culonio, si uno pierde el olfato es porque se ha contagiado de la peste.

CORO   Si hueles, apestas.

CORIFEO   (*Grita, de nuevo, como el futuro «Spiker» del parlamento inglés.*) ¡Ordre! ¡Ordre!

(*Muy solemne.*)

CORO   (*Muy bajito.*) El orden es el principio del desorden.

CORIFEO   ¡Basta! *Principia omnium exigua.*

CORO   ¿Quééééééééé?

CORIFEO   (*Con sorna.*) Ah, es evidente que no sabéis latín: vaya, vaya. (*Profesoral.*) Claro, con tantos cambios de planes docentes y el abandono de las humanidades, pasa lo que pasa. Os traduzco, ignaros: Los principios de todas las cosas son pequeños.

UNO   Haberlo dicho así desde el principio.

CORIFEO   (*Como si no fuera con él y dirigiendo.*) Antes que el veneno se ha de beber el antídoto.

CORO   Todo debe cambiar para seguir siendo lo
                  mismo.

CORIFEO   (*Se lleva las manos a la cabeza y da unos pa-
                  sos desesperado.*) Muy bien, tropa. Me rin-
                  do. Esto es un puto desastre. Lo dejamos
                  por hoy.

CORO   ¡Bien! *Semper fidelis.*

                  (*Aplausos.*)

CORIFEO   Tenéis que aprenderos un texto. Os lo haré
                  llegar, el de «Las nubes».

UNO   ¿Nos harás llegar el texto desde las nubes?

CORIFEO   No hombre. No seas puntilloso, Cicerón.
                  He pretendido decir que el texto de *Las nu-
                  bes* os... Venga, «irse» ya. Recordad, tene-
                  mos que hacer las voces de mujer para dar
                  más realismo al evento nuboso. Y por res-
                  peto al autor. Bueno, y porque nos lo exige
                  Cítaro.

UNO   (*Con voz muy grave, de bajo, propia del Co-
                  mendador de la futura ópera Don Giovan-
                  ni.*) Yo me levanto todas las mañanas muy
                  ronco. No sé cómo voy a imitar a una mujer.

OTRO   ¡Deja el orujo del Véneto!

                  (*Risas.*)

UNO   Yo no dejaré el vino ni la *grappamiel* hasta que la muerte nos separe…

CORIFEO   ¡Basta! Dejad ya de decir necedades. Escuchadme. Cuando contestéis a mis intervenciones de corifeo, lo haréis con una voz aguda, afeminada, como si fuerais unos muchachos capones. (*UNO DEL CORO hace unos gorgoritos entre el más puro representante anónimo del Tirol —Tiroler Bauer o campesino del Tirol— y los del aria «La reina de la noche» de la mozartiana «La flauta mágica». Aplausos del CORO y del propio CORIFEO, que mueve la cabeza en señal de aprobación.*) Muy bien. Por ahí, por ahí hay que ir. Para los que no tenéis esas cualidades, haced, como cuando, en *Las nubes*, el coro se dirige a Sócrates al entrar en el pensatorio. (*Pone voz de mujer, una voz ridícula, candidata a mofa general irremediable.*)

          «Y tú, sabiendo que el hombre está majareta
            y se encuentra muy exaltado,
        chuparás todo lo más que puedas…»

        (*Lo interrumpen carcajadas, silbidos, aplausos y abucheos de todo el CORO. Un escándalo. Una voz surgida entre ellos grita, sin que se aprecie quién es el agresor.*)

UNO   Tienes la voz de la suegra de Viriato después de chupar un boniato. Chupa, chupa…

(El CORIFEO *hace un gesto de desesperación y sale a toda prisa por el lateral. Lo sigue el* CORO, *entre risas y cachondeo general de final de curso en la escuela de Platón. También puede ser la de Parménides de Elea. Salen todos.)*

Escena 18.
La condena de Verraco/Orquídeo.

> *El escenario está vacío y en silencio. Entra* CORNELIO *por la valva regia. Baja acompañado de dos pecholatas. Le sigue* ENEMAS CULONIO, *quien guarda una prudente distancia y se mantendrá detrás y a un lado durante toda la escena.*

CORNELIO
: Bueno, querido Enemas, por fin vamos a cerrar este capítulo de la historia local.

ENEMAS
: ¡Menos mal, gobernador! De no haber intervenido tú de forma tan sabia, esto se habría convertido en un problema de mayor fuste para Roma.

CORNELIO
: Es normal la rebelión periférica desde tiempos de Julio César. El imperio es muy grande y los inconformes, disidentes y tocapelotas crecen por doquier como amanitas faloides.

ENEMAS
: ¡Y que lo digas! ¡Qué suerte que algunos estamos atentos para infor…

CORNELIO
: Vale, vale…. Atentos para no ser crucificados por memos. Venga, vamos al asunto,

que tengo cosas importantes que hacer. Hoy me toca inaugurar un tramo de la ruta de la plata que une a Norba Caesarina con Caparra.

ENEMAS (*Adulador.*) Es que no paras, gobernador. A tu lado, Augusto, Trajano, Adriano y Marco Aurelio fueron unos simples aprendices del arte de gobernar.

(El gobernador hace un gesto con la mano como restando importancia al halago. Se dirige a los PECHOLATAS.*)*

CORNELIO Traed a los presos revolucionarios. Roma, primero juzga, luego condena.

*(*PECHOLATA 1 *permanece junto al gobernador.* PECHOLATA 2 *va hacia el lateral opuesto y hace una seña con la mano. Por dicho lateral entra el carro tirado por* VERRACO/ORQUÍDEO *y escoltado por tres parejas de* PECHOLATAS: *dos delante, dos en paralelo con el carro y dos detrás. Subida al carro, que va descubierto, va* CASTA EULALIA. *Se muestra muy digna, como una diosa, la cabeza erguida y la postura desafiante. Se dirigen hacia el lugar donde espera* CORNELIO.*)* Legionario, venga ante la justicia de Roma el reo Verraco Litio Prepucio, alias Orquídeo. (*PECHOLATA 1 agarra a* VERRACO/ORQUÍDEO *de un brazo y lo planta delante del gobernador.* CASTA EULALIA *permanece en el carro sin cambiar el*

gesto ni la postura.) Ciudadano Verraco Litio Prepucio, alias Orquídeo, tras escuchar a los servicios de información imperiales y leer los pergaminos y tablillas disponibles, Roma considera que eres culpable del delito de…

VERRACO
/ORQUÍDEO   Pero gobernador, si tu esposa y yo solo hemos dado un par de paseos por el pantano para hablar de jardinería. (*Aludador.*) Ella, que es una diosa, solo quería información para engrandecer tu bello jardín…

CORNELIO   ¡Silencio! Y no me interrumpas. Yo te acuso de… (*Corrige.*) Roma te acusa de…

VERRACO
/ORQUÍDEO   Vale… Lo siento, lo siento. Sí, es verdad. Nos dimos unos piquitos, pero de pura amistad entre tu diosa y (*Se señala.*) este humilde jardinero que…

CORNELIO   Legionario, explícale al reo parlanchín cómo se debe comportar un acusado ante el gobernador de Lusitania.

(PECHOLATA 1 *le suelta un bofetón al reo, un golpe en el estómago, una patada en el trasero y lo arrodilla agarrándolo por las orejas.*)

VERRACO
/ORQUÍDEO   ¡Entiendo, entiendo! Perdón gobernador. Solo quería…

CORNELIO	¡Calla, estulto! No estás aquí para ser juzgado por tus asuntos de faldas.
VERRACO /ORQUÍDEO	¿Qué? ¿Entonces?
CORNELIO	Se te acusa de alta traición, conspiración, espionaje e intento de engaño al tesoro público. ¿Cómo te declaras?
VERRACO /ORQUÍDEO	Me declaro inoc… (*Nuevo guantazo del pecholata traductor, ahora en la nuca.*). Perdón, quise decir culpable. Culpable, pero no tanto como para…
CORNELIO	Eres culpable de toda culpa. Serás castigado a trabajos forzados durante diez años. Precisamente en la mina que pretendías obtener de forma ilícita.
VERRACO /ORQUÍDEO	Pero si yo solo quería…
CORNELIO	¡Calla, mastuerzo! Así disfrutarás de la gestión minera. Y agradece a los dioses porque deberías pasar los diez años limpiando las cloacas de la ciudad, sin ver la luz, como el bicho de cloacas que eres.
VERRACO /ORQUÍDEO	(*Aterrado.*) Eso no, por todos los dioses…

CORNELIO   He tenido compasión de…

VERRACO
/ORQUÍDEO   Gracias, gobernador. Es un detalle por tu…

CORNELIO   ¡Calla, necio! Compasión por las ratas. Ellas
                  son la razón de no enviarte allí. Las pobres
                  no deben ser condenadas a vivir en las aguas
                  fecales con un bicho como tú. Y, puesto que
                  estamos hablando de aguas, en cuanto a las
                  termas…

VERRACO
/ORQUÍDEO   Bueno, verás, eso era sólo una broma que…
                  En realidad, mi intención era…

CORNELIO   Tu intención era muy clara. Como tal la ha
                  entendido el imperio. Por esa razón, cuan-
                  do acabes en la mina, si vives serás pre-
                  miado con otros diez años de regalo re-
                  mando al ritmo de la música del látigo del
                  cómitre, en un trirreme ubicado en el Mare
                  Nostrum. Así conocerás otros países, des-
                  de el barco, y…

VERRACO
/ORQUÍDEO   (*Rompe a llorar.*) ¡Perdón, gobernador!
                  ¡Perdón…!

CORNELIO   Legionarios, quitad a ese cerdo verraco de
                  mi vista. Y que le pongan una sola comida
                  al día, una ensalada de orquídeas diaria

hasta que, harto, pida una de ortigas para digerirlas mejor.

(Los PECHOLATAS *se lo llevan a la fuerza, a empujones, mientras el reo trata de pedir clemencia, la clemencia de Verraco. Salen por el lateral contrario.)*

Escena 19.
La condena de Casta Eulalia.

> *Los* PECHOLATAS *regresan para tirar y escoltar el carro donde se halla* CASTA EULALIA *en silencio y mostrando cierta altivez.*

CORNELIO   Legionarios, que se presente ante Roma la ciudadana Casta Eulalia, nativa de Augusta Emérita. (*Los* PECHOLATAS *ayudan a la esposa del gobernador a bajar del carro y, con delicadeza, la acompañan ante su ex. Ella no levanta la cabeza, rehúye la mirada de él mirando a los soldados.*) Ciudadana, el imperio te acusa de traición y de intento de engaño al tesoro imperial…

CASTA EULAL.   (*Melosa, falsa. Lo mira de frente.*) Amor, sabes que yo te quiero y…

CORNELIO   (*La ignora.*) Legionarios, si la acusada no responde a las preguntas del gobernador y dice alguna estupidez como la recién escuchada ahora, le haréis una traducción similar a la del anterior reo. (PECHOLATA 1 *se dispone a darle un guantazo, pero el gobernador reacciona a tiempo.*) ¡Alto, guerrero! Todavía no, que no ha hablado. Sólo si desbarra

en las respuestas. (*A* Casta Eulalia.) Ciudadana: ¿Cómo te declaras? ¿Inocente o
culpable?

Casta Eulal.   (*Muy digna, con voz firme y mirando al cielo*.) Inocente, como saben los dioses.

Cornelio   Estupendo. No esperaba otra cosa. Los dioses hacen oídos sordos a los mentirosos. En
virtud de tu especial estatus de patricia romana, el imperio ha sido muy generoso contigo: eludirás la cárcel.

Casta Eulal.   (*Trata de ir corriendo a abrazarlo, pero la
sujetan los escoltas*.) Gracias, mi amor…
Muchas gracias… Eres…

Cornelio   ¡Calla, víbora! Serás desterrada diez años a
la isla de Perejil, situada en medio de la lengua marina al sur de Hispania y al norte de
África, junto a las columnas de Hércules.

Casta Eulal.   Pero… ¿Destierro? ¿Y en una puta isla…?

Cornelio   Así seréis dos. Allí estarás como en tu casa.
Está plagada de serpientes y de cabras. Ninguna notará tu llegada. Y tú, una cabra loca
de lengua viperina y afilada, podrás ir a co-
ger flores desde el amanecer hasta el ocaso.
Lleváosla.

(*Los* Pecholatas *la agarran de los brazos,
ahora con contundencia, y la sacan por un*

lateral mientras ella se revuelve y grita piropos dirigidos a su ex.)

CASTA EULAL. ¡Cabrón, que roncas como un mastín de *Regina*! ¡Pichafloja! ¡«*Cornelio Cornúo*»! ¡A ver si aprendes a follar como los gladiadores de Siracusa!

(CORNELIO aplaude con sorna la actuación de su ex. ENEMAS CULONIO no sabe qué hacer y mira al cielo en busca de un rayo fulminador de Júpiter que lo saque de allí.)

CORNELIO Bueno, Enemas, se acabó el ampulón de traidores.

ENEMAS ¿Ya? ¿Sólo hubo dos zelotes? ¿Y los cabecillas de la conspiración?

CORNELIO ¿Te refieres a Cunilinguo, el mal político, y a Vidriato, el buen guerrillero?

ENEMAS Claro... Lo de buen guerrillero lo has dicho tú, gobernador.

CORNELIO Por supuesto. Vidriato es un campesino idealista. Pretendió conquistar el cielo sin tener los pies firmes en el suelo. Pero es el único sujeto honrado en esta historia. Ya está en la cárcel, donde pasará una buena temporada. Cunilinguo fue hecho preso de verdad, tras la pantomima del secuestro, pero enseguida sobornó a sus vigilantes y logró escapar.

ENEMAS   ¿Temes que vuelva a las andadas?

CORNELIO   No creo. Es un maldito cobarde. Parece que anda huido por el norte del imperio, escondido en la Galia Bélgica o más lejos. Lo cogeremos algún día. Tendré sumo placer en meterle un hierro candente por el avispero. Con mis propias manos.

ENEMAS   (*Con cara de sufrimiento y poniéndose las manos ahí abajo.*) Lo que hay que oír y ver…

CORNELIO   Y lo que no se ve ni se oye… Vamos, Culonio, que la vida sigue.

(*Salen por la* valva hospitalium *cercana.*)

Escena 20.
El augurio de la cigüeña.

El escenario está vacío.

Voz   (*En off.*) Dijo Plauto, «Amor et melle est fecundissimus». En lusitano vulgar significa: «El amor es fecundo en miel y en veneno».

(Una cigüeña preñada —un figurante disfrazado— entra por la valva regia y recorre el escenario a pie. Su crocoteo en off añade realidad al ambiente. La cigüeña puede ir andando, a paso lento de cigüeña, pero mejor es si bate las alas despacio, con cadencia, como volando a ras del suelo. Desaparece por una valva hospitalium.)

Escena 21.
Todo debe cambiar para seguir siendo lo mismo.

> *El escenario está iluminado, irradia alegría y paz. Entran* CORNELIO *y* HOSTIA *por la valva regia. Van cogidos del brazo, haciendose arrumacos de enamorados. Andan con calma. En esta escena, cada vez que* CORNELIO *diga* Hostia, *lo hará de modo que no sea fácil distinguir con facilidad el nombre* HOSTIA *de la expresión soez ¡Hostia, u hostias!*

HOSTIA Qué feliz soy, amor. Inmensamente feliz. Este último mes ha sido el mejor de toda mi vida.

CORNELIO Yo también, Hostia. Libres ya de todos los problemas recientes y neutralizados quienes los causaron.

HOSTIA Es increíble que ahora estemos aquí, los dos, como si no hubiera ocurrido nada.

CORNELIO Así es. La voluntad de los dioses se ha decantado a nuestro favor. Será un favor olímpico por tu condición de sacerdotisa.

HOSTIA   Tal vez, pero mucho tiene que ver tu valentía y talento.

CORNELIO   No creas. Ha habido suerte. No niego que he controlado la situación desde el principio.

HOSTIA   No es fácil descubrir una conspiración tan secreta…

CORNELIO   En Roma conspirar es como respirar. Algo cotidiano. Lo supe desde que empezó. Tuve un informante clave. Nadie podía sospechar de él.

HOSTIA   No soy una fisgona y no te voy a preguntar quién…

CORNELIO   Fue Enemas Culonio, mi médico.

HOSTIA   (*Muy sorprendida.*) ¡No me lo puedo creer!

CORNELIO   Lo supe por puro azar, Hostia. Un día, hablando conmigo de asuntos relacionados con su actividad, hizo un comentario sobre algo que conocíamos solo dos personas: Cunilinguo y yo.

HOSTIA   Pudo ser una casualidad. Tal vez él…

CORNELIO   Fue intencionado, Hostia. Al presionarle, bajo amenaza de alta traición que le supondría morir crucificado boca abajo, lloró como una niña con lombrices…

HOSTIA   (*Con retintín sacerdotal.*) Perdona, querido, ¿los niños, los machitos, no tienen también lombrices? ¿Ni lloran?

CORNELIO   Sí, claro. Supongo, pues yo no entiendo de infantes. Ya sabes que no tengo descendencia.

HOSTIA   Así está mejor. Y, respecto a la des…

CORNELIO   (*La interrumpe.*) ¡Ah, ya! Lo dices por lo de… ¡Claro, que luego se cabrean las chicas del Lusifem! Pues lloró como una pandilla de criaturitas de bárbaros huérfanos y huérfanas y con lombrices y lombrizas. Lo que importa es que, finalmente, Enemas Culonio reconoció disponer de una información valiosa.

HOSTIA   ¡Qué médico más leal!

CORNELIO   No. Qué médico más despechado. Lo hizo por venganza. Cunilinguo ignoraba que el Verraco, o el Prepucio de Casta Eulalia, es decir, su Orquídeo, trabajaba para Vidriato. Hasta que un día lo descubrió.

HOSTIA   ¿Cómo?

CORNELIO   Después de verse en una casa de campo, a escondidas, comieron frutas. Orquídeo le pidió a Cunilinguo que le diera un malacatón…

HOSTIA   Querrás decir un melocotón, cariño.

CORNELIO   No, hostias, he dicho y digo ma-la-ca-tón. Era una de las palabras secretas de la contraseña que solo conocían Vidriato y Orquídeo y, más tarde, Cunilinguo porque se lo dijo Vidriato.

HOSTIA   ¡Ah!, si es así...

CORNELIO   Cunilinguo sospechó de Orquídeo en seguida y le tendió una trampa. Le dijo que cerca de su casa había muchas golondrinas nocturnas, muy feas. Orquídeo aclaró que no eran golondrinas, sino murciélagos. Al preguntarle Cunilinguo «¿Mur qué?», para hacer una gracieta que en verdad fue un cebo, Orquídeo contestó: «Mur-cié-ga-los.» Por la boca muere el felón.

HOSTIA   Querrás decir murciélagos, cariño.

CORNELIO   No, hostias, he dicho y digo mur-cié-ga-los.

HOSTIA   Hoy no doy una... Y eso que anoche leí a Juvenal.

CORNELIO   A partir de ahí, Cunilinguo sospechó de Orquídeo o Verraco Litio. En su entrevista conspiratoria con Vidriato le dijo que iría él a verse con el enlace en el mercado. Cunilinguo se disfrazó de bereber para no ser reconocido por Orquídeo. Luego mantuvo el secreto porque eran del mismo bando conspirador. Hasta encontrarse en Proserpina, cada uno con su segundo o segunda amante.

HOSTIA   Por las diosa Hera y Juno, que parecen dos. Me estás contando «Juego de cuernos», una serie de fábulas de Napolix.

CORNELIO   Y que lo digas, Hostia. Tras conocer semejante trama de amantes, verracos y otras musas no fue difícil suponer que el asunto no era solo de amoríos. Había tomate debajo.

HOSTIA   Más que tomates, un pisto lusitano. Tu olfato político te hizo sospechar, zorro mío. La tapadera ocultaba una olla podrida debajo.

CORNELIO   Así es. Ordené a mis espías vigilar a todos de forma discreta. Incluso pusimos a un falso pastor que espantó a Casta Eulalia y a Verraco Orquídeo una de las veces que retozaban junto al lago de Proserpina.

HOSTIA   ¡Vaya dos lucios!

CORNELIO   Tuvimos la misma información que los conspiradores. Desde el inicio. De los cunilingüistas y de los campesinos de Vidriato. Y también de los intermediarios y colaboradores.

HOSTIA   No entiendo por qué no los detuviste y abortar así la conspiración.

CORNELIO   Porque todo debe cambiar para seguir siendo lo mismo. Y porque había que conocer las raíces y la extensión del cáncer y hacer el tratamiento radical. Como dijo Enemas Culonio, con buen criterio.

HOSTIA   ¿Te fías del médico?

CORNELIO   Por supuesto. Sabe que está muy vigilado. Su vida pende de un hilo. Hilo que sostengo yo. Soy su Morta, la tercera parca. Hasta tal punto me es leal que ahora es un agente a mi servicio…

HOSTIA   Como si fuera un espía…

CORNELIO   Un espía disfrazado de médico. Ha proporcionado información, al día, de los conspiradores de *Pax Augusta*.

HOSTIA   ¿Cómo te has podido fiar de alguien que se llama Enemas Culonio? Solo oír o pronunciar su nombre me dan retortijones triperos.

CORNELIO   Las alubias causan malestar y las comemos, (*Sube el tono.*) Hostia.

HOSTIA   Supongo que los conspiradores principales estarán…

CORNELIO   Premiados. Cada quién recibió su merecida corona de laurel. Les he concedido las medallas de Lusitania en la categoría de carbón.

HOSTIA   A cada cual, lo suyo. Como dicen en mi *Pax Augusta*: el que nace lechón, muere cochino. Dejemos ya este feo asunto. (*Melosa.*) Amor ¿quieres conocer un secreto que no lo saben tus eficaces espías?

CORNELIO Claro, aunque dejará de ser secreto.

HOSTIA   (*Melosa y palpándose la tripa.*) ¡Estoy embarazada!

CORNELIO ¡Hostias, Hostia! ¿Tú, una sacerdotisa? Entonces, ¿las mujeres del clero también os embarazáis?

HOSTIA   Claro, como el resto de las mortales…Y algunas diosas. ¡Que le pregunten a Júpiter, que era un chingón con más hijos que canas! Con ellas, las diosas, y con otras.

CORNELIO (*Sorprendido.*) ¡Claro! Ahora caigo en el augurio del cielo. Llevo varios días viendo que una cigüeña revolotea por aquí. Debe de tener el nido en el jardín.

HOSTIA   Lo tiene, lo tiene. (*Se señala la barriga.*) Aquí. Anidó aquí…

CORNELIO Es un augurio enviado por Venus y yo… sin enterarme. Por fin, y sin falsos brebajes voy ser padre de un niño… Perdón, o de una niña.

HOSTIA   O de dos o tres, que la matrona de *Sanitas Preñatorum* dice que en esta huerta (*Se palpa de nuevo la barriga.*) hay muy buena cosecha.

CORNELIO   Serán los herederos de Cornalvo...

HOSTIA   No me gusta ese nombre. En latín es *cornus albus*, que significa cuerno blanco. Y, de la etimología de Cornelio, mejor no hablar, cariño.

CORNELIO   Los cuernos..., digo, el nombre hay que llevarlo con dignidad.

HOSTIA   A partir de ahora serás solo Macrón. Macrón de Lusitania.

CORNELIO   Vale, pero no olvides que en una irreductible aldea de las Galias hay un jefe de tribu rebelde a Roma llamado Macrón. ¡Dicen que es republicano, aunque va de *imperator*! De todos modos, que siga la fiesta de la vida, como la que tú estás gestando, Hostia.

(*Salen ambos por la valva regia. El escenario, tras quedar vació, se ilumina con luces de diferentes colores, un efecto discoteca. Se forma un pifostio jaranero en el escenario, de cierre, a capricho de quien se encargue de la escenografía/música y demás. Se trataría de buscar el equilibrio entre la estética y el gusto musical, arropado por el manto de la fiesta y el buen humor. Se sugiere la entrada en orden y el desfile de todos los personajes cantando a coro alguna pieza conocida:* Pecholatas, Coro, Corifeo, Cítaro, Verraco *Litio Prepucio,* Hostia, Enemas *Culonio,* Custodio *Rebaño,* Cunilinguo, Vidriato, Casta Eulalia y Cornelio *Cornalvo Macrón. Sirva de modelo el famoso «Agradecida» de la futura Lina Morgan. Un fin de fiesta por todo lo alto. Un poso de alegría y esperanza para el sufrido espectador. Y espectadora, como habría dicho el pecholata* Custodio Rebaño. *Hasta el final.)*

Fin.

Esta primera edición de *matria Lusitania*,
de Agustín Muñoz, terminó de imprimirse
en octubre de dos mil veinticinco,
en Madrid.